青少年运动技能等级标准与测试方法丛书
国际软式曲棍球联合会认证

青少年软式曲棍球
运动技能等级标准与测试方法
教学指导用书

全国青少年运动技能等级标准研制组　组编
中国曲棍球协会　审定

科 学 出 版 社
北 京

内容简介

本书为《青少年软式曲棍球运动技能等级标准与测试方法（中英文版）》教学指导用书，首先对软式曲棍球运动进行了简单介绍，其次针对各级测试的动作技术关键、易犯错误、教学步骤及学练方法进行介绍，并辅以图片和视频说明，最后还为软式曲棍球在校园中的教学提供教案示范。

本书可供国家及各级教育主管部门、体育主管部门，各级体育协会、体育院校及中小学校的教师、教练、体育指导员等体育工作者参考、使用。

图书在版编目(CIP)数据

青少年软式曲棍球运动技能等级标准与测试方法教学指导用书/ 全国青少年运动技能等级标准研制组组编.
—北京：科学出版社，2021.10
（青少年运动技能等级标准与测试方法丛书）
ISBN 978-7-03-069647-2

Ⅰ.①青… Ⅱ.①全… Ⅲ.①曲棍球运动－称号等级（体育）－标准－教学参考资料②曲棍球运动－称号等级（体育）－测试方法－教学参考资料 Ⅳ.①G849.1

中国版本图书馆 CIP 数据核字(2021)第175066号

责任编辑：张佳仪 / 责任校对：谭宏宇
责任印制：黄晓鸣 / 封面设计：殷 靓

科学出版社 出版
北京东黄城根北街16号
邮政编码：100717
http://www.sciencep.com
南京文脉图文设计制作有限公司排版
苏州市越洋印刷有限公司印刷
科学出版社发行 各地新华书店经销

*

2021年10月第 一 版 开本：B5(720×1000)
2021年10月第一次印刷 印张：10 1/2
字数：191 000

定价：70.00元

（如有印装质量问题，我社负责调换）

“青少年运动技能等级标准与测试方法”丛书编辑委员会

“青少年运动技能等级标准与测试方法”丛书专家指导委员会

《青少年软式曲棍球运动技能等级标准与测试方法教学指导用书》编辑委员会

▲

第二版丛书序

▲

2018 年 4 月，我国第一套涵盖 11 个运动项目的“青少年运动技能等级标准与测试方法”（以下简称“标准”）面向社会公开发布。同期，“标准”丛书由科学出版社正式出版。“标准”问世以来，得到了教育部、国家体育总局、上海市教委，以及相关运动项目协会、体育行业职业教学指导委员会的高度肯定和大力支持，对推动青少年的体育发展起到了积极的作用。

截至目前，全国已有 16 个省（自治区、直辖市）的 9 000 余名体育工作者接受了“标准”考评员培训，已有 27 个省（自治区、直辖市）的 300 余家社会机构组织开展了“青少年运动技能等级标准”测评，参加社会化测试的青少年人数近万人，有力推动社会力量对青少年体育发展做出贡献。上海市中小学校自 2018 年将“标准”作为推进学校体育工作的重要抓手，全面开展针对青少年学生的运动技能等级测试以来，到 2019 年底共测试中小学生已超过 10 万人，测试结果为深入了解青少年学生运动技能掌握的实情、发现体育教学中存在的问题提供了有力参考。同时，针对体操、高尔夫球、羽毛球等项目，创新性地开展了比赛与测试相结合的标准等级赛，极大地激发了青少年参与比赛的热情，丰富了比赛的内涵，提升了青少年参与比赛的获得感，产生了良好的社会效益。

2018 年 12 月，“标准”丛书获得了第 27 届上海市中小学、幼儿园优秀图书二等奖。2019 年 4 月，“标准”丛书被列入上海市中小学、幼儿园图书馆（室）图书配置推荐目录。“标准”部分内容也在 2019 年被上海市初中教材《体育与健身》采纳，正式作为上海市初中生的体育课程学习内容。

“标准”在国内得到多方认可的同时，也受到了国际同行的关注。2019 年 4 月出版的《青少年软式曲棍球运动技能等级标准与测试方法（中英文版）》得到了国际软式曲棍球联合会和亚洲大洋洲软式曲棍球联合会的认证，成为该项目的国际标准。这为“标准”在世界范围内的传播开了先河，彰显了我国青少年体育发展成果的国际影响力。

首批 11 个运动项目的“标准”出版后，引起了广大体育同行对青少年体育技能发展问题的关注，并积极投入到新“标准”的研制工作中。目前为止，上海体育学院、成都体育学院、沈阳体育学院、哈尔滨体育学院、南京体育学院、宁波大学、上海理工大学、东华大学等单位积极支持科研人员参与到新“标准”的研制中，先后正式出版了软式曲棍球、健美操、体育舞蹈、艺术体操、空竹、跳绳6个项目的“标准”用书。此外，攀岩、轮滑等10余个新兴和时尚运动项目也已纳入了研制和出版计划。

在首批“标准”的推广应用过程中，部分专家学者及广大使用者对进一步完善“标准”提出了非常宝贵的意见。研制组在对这些意见进行认真梳理和广泛讨论的基础上，决定开展对首批“标准”的完善和升级工作。经过近1年的努力，率先完成了足球、篮球、排球、羽毛球和高尔夫球5个项目的“标准”（第二版）工作。“标准”（第二版）主要有以下一些变化：

一是标齐等级难度。各项目研制组在基于前期测试的基础上，结合专家意见，尽可能标齐了不同项目同一等级的难度，增强了“标准”等级之间的可比性。

二是采用百分制。每一等级测试均采用百分制，提高了“标准”同一等级内的区分度，为中小学校利用“标准”开展学生体育学业评价提供方便。

三是提升测试效率。对部分之前测试较烦琐、耗时较长的科目进行了改进，简化了测试流程，增强了测试简便性，提升了测试效率。

四是提高严谨性。对各项目标准中存在的错误进行修订，对部分测试指标进行调整，并对第一版中的文字、图片和视频进一步完善。

在“标准”投入应用后，广大中小学体育教师、社会体育俱乐部教练对于如何指导青少年学练“标准”各等级测试动作产生了强烈需求。为此，各项目研制组针对各级测试的动作技术关键、易犯错误、教学步骤及学练方法等内容开展了教学指导用书的编写工作，以期“标准”能更好地为青少年体育实践服务。此外，各项目“标准”研制组积极开展人工智能测试工具的研发，为实现全程自动化测试奠定了基础。

不忘初心，方有正确航向。千锤百炼，才能永葆生机。希望通过不断的修订，能够提升“标准”的质量，打造出精品，为青少年的体育发展提供不竭动力。当然，由于研制者学识、能力和水平有限，若“标准”丛书中存在疏漏和不足之处，恳请各项目专家学者和实践应用者提出宝贵意见，以供进一步完善。

陈佩杰　唐　炎

2020年4月15日

第一版丛书序

▲

2017 年 11 月，国家体育总局、教育部、中央文明办、国家发展改革委、民政部、财政部和共青团中央 7 部门联合制定出台了《青少年体育活动促进计划》，明确提出“研究建立青少年运动技能等级评定标准”，并要求“各级教育部门应将运动技能等级纳入学生综合素质评价体系”。运动技能水平是衡量个体体育综合能力的关键指标，让青少年掌握 1～2 项运动技能是国家对青少年体育教育的基本要求。然而，如何客观有效地评判青少年运动技能的掌握水平，我们还缺乏一套行之有效的标准。毋庸讳言，当前运动技能等级标准的缺失已经成为制约青少年体育改革发展的主要因素。这对学校体育与健康课程改革的效果检验和深入推进、对青少年体育素养水平评价的实施及社会性青少年体育培训的规范开展都造成了影响。因此，制定一套能展现运动项目特征、反映运动技能进阶规律、科学性强且便于测试的“青少年运动技能等级标准”已迫在眉睫。

2016 年 3 月，上海体育学院组建了“标准”研制组开展相关工作。经过广泛的专题调研和充分的分析讨论后，研制组确立了四等十二级制的“标准”体系构架，并以能反映运动项目的实际运用能力、能反映个体运动技能水平的变化、能促进青少年运动参与的积极性、能与竞技体育运动等级标准有效衔接为基本思路，依托中国乒乓球学院强大的科研力量，以乒乓球运动技能等级标准的研制为突破口，以点带面地推进研制工作。2017 年 4 月 12 日，研制组首先发布了《青少年乒乓球运动技能等级标准》(以下简称《乒乓球标准》)。《乒乓球标准》的发布得到了中国乒乓球协会与上海市教委相关领导、乒乓球界多位名宿与专家的高度肯定，国家体育总局官网、新华网、环球网等数十家媒体予以报道。在《乒乓球标准》成功发布的基础上，研制组进一步优化研制思路和路径。又历时 1 年，经过对 9 000 余名青少年进行测试和数十轮专家研讨，研制组先后完成了足球、篮球、排球、羽毛球、网球、高尔夫球、田径、体操、游泳、武术 10 个运动项目的“标准”研制工作。上海市学生体育协会对“标准”高度认可，并采纳其全部内容用于促进青少年学生体育活动的开展工作。同时，“标准”已作为行业主体在上海市质量技术监督局申请为“团体标准”。“标准”的正式出台对于推动青少年体育发展可以起到以下几方面的作用。第一，“标准”的体系构架能够实现普通青少年与精英运动员的运动技能水平评定的衔接，能够为体育管理部门掌握青少年运动技能等级分布情况、规划运动项目发展方向提供支撑。第二，“标准”的指标设计充分考虑到运动项目参与主体的获得感，青少年在每一阶段的进步均能通过等级的进阶得到证明，从而更好地激发和维持青少年积极参与运动的热情。第三，“标准”在对个体参与测试的资格上添加了运动经历的要素，要求被测试者从进入“提高级”的测试开始，必须要具备相应的运动经历才能参与测试。这样的设置突出了“标准”作为评价工具的发展功能，能够避免青少年将技能等级提升与运动实践相割裂的弊端，从而更好地带动青少年积极运动。第四，“标准”指标体系的科学性及测试方法的便捷性能够为学校开展体育技能教学、评定学生体育技能水平提供技术支撑，能够为教育部门开展学生体育素养测评提供科学便捷的工具，更好地实践体育与健康课程的育人价值。第五，“标准”能够为各种青少年体育培训机构的培训质量提供明确的评价依据。当前，青少年体育培训机构虽然蓬勃发展，但也良莠不齐。评价培训质量的指标较多，而青少年运动技能水平的提升程度无疑才是评价培训质量优劣的重要参考。

从提出研制思路到最终成稿，上海市教委都给予了极大的支持与帮助。同时，上海体育学院国家社会科学基金重大项目“中国儿童青少年体育健身大数据平台建设研究”团队从项目设计开始，就将“标准”的研制作为主要的研究任务之一，并形成了专门的研究小组进行技术攻关。此外，各运动项目领域的诸多专家及协会、众多中小学学校及社会性体育培训机构也在本“标准”的研制过程中提供了大量帮助。在此，向所有为“标准”的研制工作贡献力量的人员表示衷心的感谢！

受制于学识的限制，若“标准”存在不完善的地方，恳请广大专家学者以及应用“标准”的相关机构、组织及个人不吝赐教，多提宝贵意见，为“标准”的进一步完善提供真知灼见！

陈佩杰　唐　炎
2018 年 3 月 12 日

目　录

第一章　软式曲棍球运动简介

第一节　软式曲棍球运动历史

一、软式曲棍球运动的起源

软式曲棍球英文名 Floorball，在国内曾用名地板球、福乐球、旱地冰球。作为一项新兴的现代体育运动项目，软式曲棍球出现在人们视野中不过短短的几十年。关于项目的起源地目前还存在一定的争议，加拿大、瑞典、美国都声称自己发明了这项运动，因为美国和加拿大在 20 世纪 50 年代就开发了类似于今日软式曲棍球的运动，加拿大称为 ball hockey，美国称为 cosom hockey。我们暂且以美国发明说为准，其雏形出现在 20 世纪 50 年代，当时美国明尼阿波利斯市的莱克维尔地区（Lakeville，Minneapolis）塑料制品工业比较发达，工人们在业余时间经常制作各种塑料玩具。一次偶然的机会，他们设计并生产出一种类似曲棍球、带有拍头的塑料球杆。闲暇时光，工人们就使用这种球杆进行类似冰球的体育活动，深受工人们的欢迎。工人们在游戏中不断积累经验，并形成了相应的规则。为了方便推广这项运动，他们将这项运动命名为地板曲棍球（floor hockey），注册了 Cosom 品牌并生产出各式塑料球杆以及与运动相关的产品（图 1-1）。之后在相当长的一段时间里，地板曲棍球便在加拿大和美国地区流行起来。在北美和加拿大地区也相继举办了一系列地板曲棍球比赛，但主要是在儿童和青少年之间开展。20 世纪 60 年代初期，在美国密歇根的巴特格里克举行了一次规模盛大的地板曲棍球锦标赛。此后，地板曲棍球逐渐走上了竞技体育的大舞台。

1968 年，Cosom 塑料球杆被引进瑞典。瑞典哥德堡人卡尔·安维斯特（Carl Ahlqvist）去荷兰旅游时在玩具店里购买了几根 Cosom 塑料球杆。当时，他觉得拿这些球杆玩耍时肯定比较好玩，于是就把这些球杆带回了瑞典。回到哥德堡，他和学生们经常一起打球，从中发现了很多乐趣，并在哥德堡

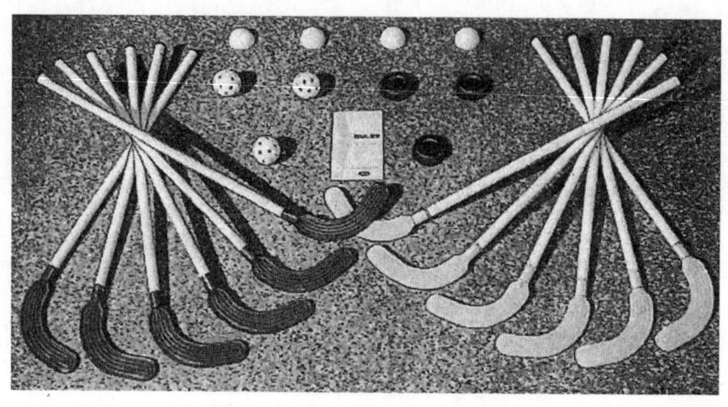

图 1-1 Cosom 地板曲棍球器材

举行了第一次现代意义上的软式曲棍球竞技活动。几年后，卡尔成立了一家专门生产塑料球杆的公司，进行了规模化生产，开始了软式曲棍球的推广之路。尽管卡尔将软式曲棍球带进了瑞典，但并不能说是他发明了软式曲棍球，因为当时的软式曲棍球仅仅只是个雏形，缺乏完整的竞赛规程，场地也没有进行标准化，一切都还处于摸索阶段。

软式曲棍球真正的兴起还得追溯到 20 世纪 70 年代。1976 年以来，瑞典的学校普遍都开展了软式曲棍球的教学课程，萨拉市的学校也不例外，而且学校都提供相应的器材。当时，一位名叫克里斯特·加斯特瓦松（Christer Gustavsson）的高中生平时也经常和朋友们一起打软式曲棍球，高中毕业后，克里斯特计划为那些无所事事的年轻人做点事情。于是他召集了一些好友在家里开始制定一些软式曲棍球的竞赛规则，例如，扩大了球场的范围、增加了更大的球门、增加了专职守门员等，进一步将软式曲棍球规范化。有了统一的竞赛规程，小伙伴们就按照既定的规程开始了软式曲棍球比赛，开始是在好朋友之间，后来慢慢地推广到全市范围。随着竞赛规程的逐渐规范，各级比赛不断增多（图 1-2），这项运动在萨拉市大获成功。1979 年 9 月 21 日，萨拉市成立了瑞典历史上第一个，也是世界上第一个专业软式曲棍球俱乐部——萨拉软式曲棍球俱乐部（Sala IBK）。随着软式曲棍球在瑞典的发展，很多业余软式曲棍球俱乐部逐渐转为职业软式曲棍球俱乐部。如果说 20 世纪 70 年代是瑞典软式曲棍球开始时期，那么 80 年代就是瑞典软式曲棍球的发展时

图 1-2 早期软式曲棍球比赛

期，到了 90 年代就取得了突破性的发展，全瑞典范围内有超过 1 600 家软式曲棍球俱乐部，大约有 90 000 人参与到软式曲棍球这项运动当中，其中三分之一是青少年。如今，瑞典软式曲棍球联赛已成为世界顶级联赛的代名词。

二、软式曲棍球运动的发展历程

1986 年 4 月 12 日，由瑞典、芬兰和瑞士联合发起在瑞典的胡斯克瓦纳成立国际软式曲棍球联合会（International Floorball Federation，IFF）。1991 年，丹麦和挪威也加入了 IFF。1993 年，IFF 第一次全体会议在瑞士的苏黎世举行，IFF 正式投入运行。同年，匈牙利加入 IFF。次年，在丹麦的赫尔辛基和瑞典的斯德哥尔摩分别举行了第一届欧洲女子软式曲棍球比赛和欧洲男子软式曲棍球比赛。这次比赛的举行，标志着软式曲棍球运动正式走入世界竞技体育大舞台。1994 年，在丹麦举行了第一届欧洲男子软式曲棍球锦标赛。同年，捷克和俄罗斯加入 IFF。1996 年在瑞典举办了第一届世界男子软式曲棍球锦标赛，1997 年在芬兰举行了第一次世界女子软式曲棍球锦标赛。2001 年在德国举行了第一届男子 19 岁以下（U19）世界软式曲棍球锦标赛。2002 年在瑞典举行了第一届世界大学生软式曲棍球锦标赛。2004 年 IFF 被吸纳为国际单项体育联合会总会（General Assembly of International Sports Federations，GAISF）正式成员，同年在芬兰举行了第一届女子 U19 世界软式曲棍球锦标赛。2011 年 7 月正式获得国际奥林匹克委员会的认可。IFF 也是国际体育联合会总会（Association of IOC Recognised International Sports Federations，ARISF）和国际世界运动会协会（International World Games Association，IWGA）的成员。2017 年软式曲棍球成为世界体育大会的正式项目，并且进入世界冬季特奥运动会。2021 年软式曲棍球成为亚洲室内和武道运动会的正式比赛项目。

IFF 实行的是理事会负责制，由 11 人组成理事会。2021 年新当选主席瑞典人托马斯·埃里克森（Tomas Eriksson），副主席捷克人菲利普·苏门（Filip Suman）、秘书长为芬兰人约翰·里杰兰德（John Liljelund）与另外两名理事会成员组成 IFF 执行委员会，负责 IFF 日常工作，理事会每四年一届。IFF 下设仲裁委员会、纪律委员会、道德委员会、医学委员会、裁判委员会、规程和竞赛委员会以及运动员委员会等分支机构。运动员委员会委员为 4 名女性运动员和 4 名男性运动员。在 2009 年之前主要由理事会提名委员人选，2009 年之后则由参加世界锦标赛的人员投票选举产生，女性委员由参加女子世界锦标赛的运动员，男性由参加男子世界锦标赛的运动员选举产生。主要任务是利用运动员的经验和专业知识来进一步推动软式曲棍球的发展，并不断对竞赛规则进行进一步的完善。

自1986年IFF成立以来，短短的二十几年间，这项运动得到飞速的发展。截止到2019年12月，全世界共有74个国家加入IFF成为其会员（图1-3）。注册的软式曲棍球职业俱乐部有4 330家，注册的职业运动员人数在2019年底达到37.7万人，业余选手则高达310万人。女子软式曲棍球也得到了飞速发展，2019年的官方数据统计显示，已经有76 000名女子运动员，相比十年前的55 000名增加了35.03%。软式曲棍球社区的社交媒体平台有超过100多万活跃的粉丝，各种各类社交媒体每月访问量超过50万，每月互动量超过300万。由国际软式曲棍球联合会主办的大型赛事如欧洲锦标赛、世界锦标赛以及欧洲冠军杯每年举办一次。每奇数年举办世界男子19岁以下软式曲棍球锦标赛，每偶数年举办世界女子19岁以下软式曲棍球锦标赛。软式曲棍球也首次成为2017年在波兰举行的世界运动会和在澳大利亚举行的特殊奥林匹克运动会正式项目。在几乎所有重要赛事中，瑞典、芬兰、瑞士和捷克等国仍然占据着当今世界软式曲棍球运动的制高点，基本上垄断了各大赛事的冠军席位。这四国注册运动员人数占据了全球注册运动员总数的68.53%。

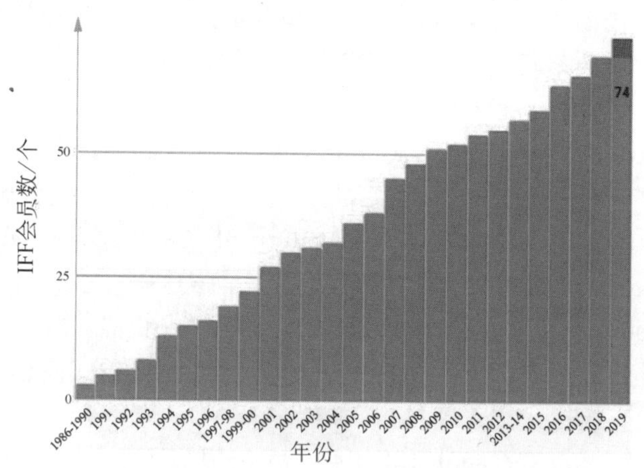

图1-3 国际软式曲棍球联合会成员数量增长情况

2005年亚洲和大洋洲软式曲棍球联合会（Asian and Oceania Floorball Confederation，AOFC）于新加坡成立，目前有包括澳大利亚、新西兰、新加坡以及中国等在内的15个成员加入该组织，2017年AOFC总部搬迁至泰国首都曼谷，AOFC管理机构参照IFF模式构建，2021年新当选主席泰国人蔡帕克（Dato' Seri Chaiyapak Siriwat），秘书长新加坡人肯尼斯·胡（Kenneth Ho）。AOFC致力于推动亚洲和大洋洲区域软式曲棍球运动发展，自成立以来大力发展青少年赛事活动，使得该项目成为东南亚运动会以及亚洲室内运动会的正式项目。

第二节　中国软式曲棍球运动发展简况

2006 年 5 月时任国家体育总局局长助理晓敏率队访问了 IFF 总部，开启了中国软式曲棍球破冰之旅（图 1-4），同年 12 月 14 日，时任国际软式曲棍球联合会中国区首席代表肖刚先生参加了在新加坡举行的国际软式曲棍球联合会发展论坛以及教练员培训（图 1-5）。肖刚先生也成为第一位获得 IFF 教练员证书的中国人，也是第一位正式把软式曲棍球引进中国的人。

图 1-4　访问 IFF 总部

图 1-5　新加坡培训

2007 年 4 月 24 日 IFF 主席托马斯·埃里克森、副主席勒纳托以及秘书长约翰·里杰兰德对国家体育总局进行了回访并拜会时任国家体育总局局长助理晓敏，双方就共同推动软式曲棍球（当时是叫音译名福乐球）在中国的发展达成了共识。会后，晓敏表示将由国家体育总局社会体育指导中心等单位拟定可行方案，开展相关推广工作。之后由国家体育总局体育科学研究所与芬兰 EXEL 公司合资成立的北欧体育用品（北京）有限公司（以下简称北欧公司）开始在北京进行软式曲棍球运动的推广活动。北欧公司的总经理即是肖刚先生，北欧公司于 2007 年 6 月在北大附中举办了中国首次大学体育老师软式曲棍球培训班（图 1-6）。同月，北欧公司分别与北京邮电大学（图 1-7）、北京大学、清华大学等七所高校正式签署了软式曲棍球赞助协议，

图 1-6　北京大学附属中学培训

图 1-7　北京邮电大学校长接受赞助

在这七所高校安排专人负责这一项目，并在2007年第二学期开设地板球（译名，即软式曲棍球）选修课。2007年12月，北欧公司与北京市教委联合举办了北京市中学软式曲棍球教练员培训班，北大附中也在与芬兰罗素中学的交流中将软式曲棍球项目引入，在学校开设了选修课程（图1-8）。

图1-8　2007年北京市中学教练员培训班

2008年，以上海外国语大学为主要发起单位开始在上海高校进行软式曲棍球的推广。2008年12月在同济大学举办了上海高校地面球（当时叫地面球）培训班（图1-9），有十多所大、中学的教师参加，2010年上海高校参与该项目的学校统一把该项目称为旱地冰球，这项运动正式进入上海高校的教学序列，并逐步推广至全国多个省市的大、中小学以及各类特殊教育学校。截止到2019年底，全国共有20个省市的八十多所高校、三千多所中小学校开设了正式的课程或兴趣班，并定期举行各级各类赛事活动，使得越来越多的学生认识、加入并喜欢上这项充满魅力的新兴体育项目。

图1-9　2008年上海高校地面球培训

自从国家体育总局2007年第一次将该项目介绍到国内以来，由于对项目缺乏深度的认识，加之该项目为非奥项目，十多年来软式曲棍球的发展始终不规范，过程也非常坎坷，很多业内人士虽然也为之付出了巨大的努力，但收效甚微。发展的转机出现在2018年，2018年11月，由上海体育学院和上海理工大学联合研制的青少年软式曲棍运动技能等级标准与测试方法在上海理工大学发布（图1-10），发布会上国家体育总局手曲棒垒球中心主任王涛宣布，正式授权中国曲棍球协会将floorball纳入业务指导范畴，并将floorball中文名正式确定为软式曲棍球，归入中国曲棍球协会统一管理。同年8月，由总局手曲棒垒球中心主办的首届全国青少年软式曲棍球锦标赛在江苏省扬中市顺利举行（图1-11），标志着我国软式曲棍球项目正式进入规范发展的轨道。

图1-10　青少年软式曲棍球运动技能等级标准与测试方法发布会

图1-11　2018年首届全国青少年软式曲棍球锦标赛

2019年，中国曲棍球协会持续推进软式曲棍球的进一步发展，成立了中国曲棍球协会软式曲棍球委员会筹委会，2019 年 6 月，经中华人民共和国外交部和国家体育总局批准，中国曲棍球协会软式曲棍球委员会（China Floorball Union，CFU）代表中国加入国际软式曲棍球联合会。10 月，IFF 正式批准 CFU 为中国境内唯一合法的开展软式曲棍球业务的组织以及唯一代表中国的 IFF 会员和 AOFC 会员，代表中国参与国际软式曲棍球联合会举办的各项活动，并承接国际软式曲棍球联合会委托中国举办的活动。

2019 年 11 月 27 日至 28 日，CFU 第一届全国会员代表大会在上海举行（图 1-12）。国际软式曲棍球联合会秘书长约翰·里杰兰德、国家体育总局青少司、国家体育总局手曲棒垒球中心向大会发来贺信，同年，CFU 官方网站正式开通（www.chinafloorball.org）。

图 1-12　中国曲棍球协会软式曲棍球委员会第一届全国会员代表大会

CFU 的成立，标志着国内软式曲棍球运动正式全面走向规范化，相信在 IFF 和国家体育总局的大力支持下，CFU 一定能团结全国软式曲棍球工作者、教练员、运动员和软式曲棍球爱好者，以及关心、支持中国软式曲棍球的海内外人士，进一步推动中国软式曲棍球运动的普及和技术水平的提高，促进国际的交流与合作，为中国软式曲棍球事业的发展做出更大的贡献。

在 2020 年 12 月 11 日举行的国际软式曲棍球联合会年度全球大会上，中国提交了转为 IFF 正式会员的申请，经过全体代表的投票，一致同意中国由 IFF 临时会员转为 IFF 正式会员，并由 CFU 代表中国履行相关义务和权利。

第二章 软式曲棍球基本技术

第一节 软式曲棍球技术的概念及分类

软式曲棍球技术，是运动员在软式曲棍球比赛中进攻和防守过程所运用的专门方法的总称。它是在比赛中不断被实践、完善和发展起来的。

软式曲棍球发展的短短几十年间，各种基本技术得到不断的完善，在比赛中追求胜负结果的同时，双方球队把激烈的攻防转换、高效的配合、赏心悦目的进球等内容作为比赛重要的组成部分。为了最终达到这样的效果，球员只有熟练掌握软式曲棍球的基本技术，才能在比赛中采取有效的行动，正确合理地处理球才能更好地贯彻教练的战术意图。

任何一项体育运动，特别是集体运动项目，技术是完成战术配合的保证，战术的发展又反过来进一步促进技术的不断优化和完善。软式曲棍球拼抢激烈、全攻全守的战术打法，对进攻和防守技术都提出了较高的要求。因此，软式曲棍球基本技术无论是在具体内容上、难度上，还是在教学与训练的方法要求上，都向着全面、快速、实用的方向发展。

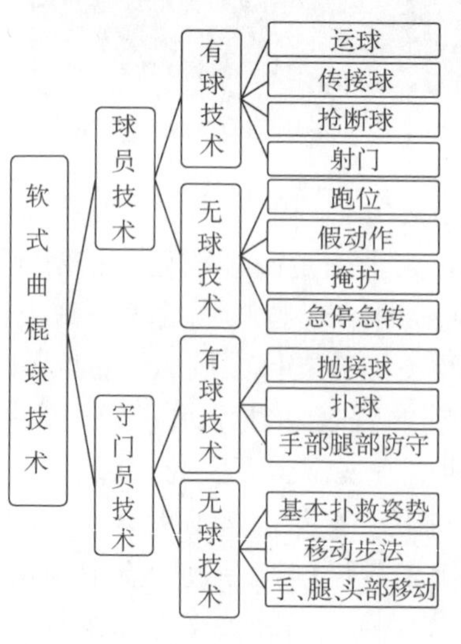

图 2-1 软式曲棍球技术动作分类

软式曲棍球是一项技术动作较为复杂的运动项目，根据球员在场上的位置，主要分为球员和守门员，因此基本技术也就相应地分为球员技术和守门员技术两部分。但是，不管是守门员还是球员，在比赛中既要完成有球技术动作，也要完成许多无球技术动作，因此，软式曲棍球技术动作主要又可以分为有球技术和无球技术两类（图 2-1）。

第二节　运球与运球过人

运球与运球过人是球员个人控制球能力和在进攻端所体现能力的综合体现。熟练掌握运球及运球过人的基本技术并能在比赛中加以合理运用，对掌控软式曲棍球比赛节奏、丰富战术体系、寻找进攻突破口并最终形成射门都具有极高的实践意义。运球与运球过人是指球员通过有目的地控制球，将球逐渐推进到对方阵营形成得分之势，它与毫无目的地运球向前推进有着不同的意义。在练习运球与运球过人的过程中需要熟悉每个动作的实际目的，通过不断的刻苦练习，最终掌握相应的技术动作，并在此基础上最终形成自己的风格。

一、运球

运球是指球员在原地或跑动中使用球杆有目的地连续推、拉、拨球，将球控制在可控范围以内的技术动作。运球过人是指球员采用不同的运球方法晃过防守球员并继续控制球的技术动作。运球技术主要包含跑动和球杆对球的控制两个要素。跑动具有重心低、频率快、变向多等主要特征，有助于球员及时调整身体与球的位置关系，适应运球急停、变速和变向等需要。球杆对球的控制主要通过双手对球杆的控制来完成，因此正确的握杆显得尤为重要。

（一）正确的握杆方法

软式曲棍球球杆手柄及杆体部分没有本质区别，主要区别在拍头部分，拍头通常成弧形，分别向左右两侧弯曲，因此，根据不同的开口方向，将球杆分为左手杆、右手杆两类。一般来说，右手握在手柄的顶端，形成右手在上、左手在下且拍头凸面朝左方向的球杆，我们称为左手握杆法；反之，则称为右手握杆法。

视频 2-1

正确的握杆方法可见二维码视频 2-1。右手张开将球杆顶端握住，以球杆顶端不超过掌根或完全被掌心所包裹为最佳。右手不可握得过紧，以免影响动作的流畅性。握杆时，球杆顶端不可超过掌根。左手自然握在离右手20～30 厘米处，两手之间的距离不固定。两手距离越远，越有利于在射门时充分压杆从而更好地发挥球杆的弹性，两手距离较近则有利于挥杆从而发挥球杆动能，但易造成挥杆过高导致被判罚。拿起球杆时，时刻注意不要拍头朝上举着球杆。在进行练习和比赛时，拍头高度不允许超过腰部高度，否则将受到相应的处罚。进行练习时，尽可能保持双手握杆的习惯。

（二）运球的技术方法

1. 原地运球（正、反拍面）

双脚自然开立，保持与肩同宽或略超过肩宽的距离，双膝微屈，身体重心落在两腿之间，眼睛看着球（初学者眼睛可以跟随球的运动，之后逐渐过渡到用眼睛余光观察球，主要靠手上感觉来控制球）。上身稍微前倾，拍头放在身体前方侧面并与身体呈三角形。这样有利于快速控制球，为下一个技术动作做准备，一般停球后接做原地运球动作。运球时身体稍前倾，背部呈自然稍弯曲状，膝盖弯曲，重心落在两腿上。双手握杆，眼睛盯住球，用拍头的中部（正、反面皆可）控制球并拨动球向左右两侧移动，迅速提杆换位阻挡球的运行并改变球的运行方向。拍头必须紧贴球并追随球的运行方向，到达左右两侧时，拍面稍倾斜压住球。动作演示见二维码视频 2-2。

视频 2-2

易犯错误

a. 双脚保持直立，膝盖没有弯曲，球离身体位置过远
b. 提杆过高，运球时拍头没有贴住球，双手握杆过紧，动作生硬

2. 原地运球（正拍面）

双脚前后分开，左脚在前（左手杆为例），中间保持髋关节左右宽度，双膝微屈，把球放在身体右侧靠近中间位置，依然与身体呈三角形。运球动作幅度较小，运球速度快，可以较好地将球保护在自己可控范围之内。运球时身体重心稍下压，用拍头凹面向前运球，运球即将结束时迅速将拍头竖起停住球，然后继续向后做拉球动作，把球沿原路拉回，不断重复相同动作。动作演示见二维码视频 2-3。

视频 2-3

易犯错误

a. 双脚保持直立，膝盖没有弯曲，球离身体位置过远
b. 运球即将结束时拍头立起和拉拍动作不够迅速，导致球失去控制

3. 行进间运球

行进间运球的动作幅度较大，控球难度增加，但易于改变运球方向，是比赛中必须掌握的运球方法，也是运球过人技术的基础。运球时身体重心下压，双脚前后分开，移动时身体自然放松，双手握杆，拍头紧贴球并推动球向斜前方移动，移动过程中依然保持左右运球动作。

行进间运球大致可以分为：直线运球、曲线运球、变向运球和运球转身 4 种。直线运球时，保持自然跑动，上身稍前倾，步幅可以适当加大，双手握杆，球置于身体侧面靠前的位置，拍头控制好球往前移动。曲线运球时，上身稍前倾，重心压低，步幅较小，拍头控制好球往斜前方向的运球推进。变向运球时，根据变向角度的大小，调整球杆的位置，身体移动过程中，重心突然变向，球保持直线运行，变向时再改变运动轨迹。运球转身时，身体急停，用正手拍头凹面紧扣住球，绕着身体做弧线运动，同时迅速做 360°转体并控制好球。反手反拍运球转身动作与正手正拍相反。动作演示见二维码视频 2-4。

视频 2-4

易犯错误

a. 运球时，球离身体位置太远从而失去对球的控制
b. 重心太靠前，主要靠腰部力量来支撑，没有利用腿部力量
c. 手上动作太慢，再做转向时，球杆没有贴住球，无法控制球的运动方向
d. 运球时，球杆离地太高，造成丢球，转体速度过慢

4. 单、双手运球

单手运球动作简洁自如，活动范围和空间较大，防守区域增加，易于发挥出奔跑速度。单手握住球杆手柄顶端（不可握住手柄中间），身体自然放松，以前臂和手腕的力量来控制球杆。双手运球稳定性强，控球能力强，运球速度较慢。日常练习中，主要以双手运球为主，单手运球为辅。单手握杆法主要应用在防守技术当中。在进行任何形式的运球时，切记眼睛不可长时间盯住球看，要靠球拍和球的接触来感知球的位置（但初学者可以目视球进行运球），应该时刻注意观察场上的具体情况，做好下个技术动作的准备。动作演示见二维码视频 2-5。

视频 2-5

易犯错误

a. 运球或击打球时，由于单手力量较差，导致挥杆过高
b. 稳定性较差，容易失去对球的控制

二、运球过人

（一）运球过人动作分析

运球过人是球员在控制好球的基础上，根据战术需要及对手的防守位置、重心变化情况，利用速度、方向或身体变化等因素，获得时间和空间位置上的优势，从而突破防守的一种技术动作。运球过人从动作过程上大致分为三个阶段。

运球接近阶段：当持球球员运球接近防守球员时，身体重心略下降，加快步频，减小步幅，同时牢牢控制好球，利用身体的变向或球的来回移动等假动作迷惑防守球员，使对方判断失误并做出错误的防守动作。

运球超越阶段：持球球员利用假动作及快速的变向移动等创造出足够的空间和时间，成功突破防守球员的防线。

跟进保护阶段：在球穿越防守球员的防线时，运球球员的身体重心要跟上球的移动，保证突破防守后，身体和球一起通过防线并重新控制好球以便进行下一个动作。

运球过人时应注意掌握良好的突破时机、合适的突破距离以及选择合适的突破速度和突破方向。提高动作的隐蔽性、突然性和敏捷性，准确掌握突破对方防守的时机，高效地完成运球过人的任务。

（二）运球过人的技术方法

运球过人有着形式多样的技术方法，但无论怎么变化，基本都是通过快速改变球的运行方向和运球者的速度来达到突破防守的目的。以下为几种常用的运球过人方法。

1. 强行突破

球员突然运球启动，依靠自身的速度强行超越对手。这种方式可以双手握杆运球突破也可以使用单手运球突破。通常须具备以下几点才可进行强行突破过人：①球员爆发力强，奔跑速度快，启动速度快；②突破时机恰当，通常在防守球员犹豫不决之时；③防守球员身后有较大的空当，突破后其他球员不能及时补防；④拍头推球距离要稍远些，以便加快奔跑速度超过对手。动作演示见二维码视频 2-6。

视频 2-6

2. 假动作突破

运球球员利用身体、球杆的变化，虚晃、佯装射门或传球等动作迷惑对手，使其产生错误的判断，从而乘机运球突破防守。采用假动作突破应注意以下几点：①进行突破前，要观察防守球员的反应和动作；②握杆的手腕要灵活，保证球始终在控制范围；③假动作要逼真，球杆和身体配合默契；④做虚晃动作时，不可失去身体重心，球速要快。动作演示见二维码视频2-7。

视频 2-7

3. 快速推、拉、扣球等突破

双手紧握球杆快速推、拉、扣球，不断变换球的运行方向，使防守球员无从判断运球球员的真实意图，通过不断地运球来寻找突破的空间进行快速突破。采用此突破方法应注意以下几点：①熟练掌握运球的技巧，推、拉、扣等动作必须快速而准确；②注意观察防守球员的反应，找到合适的突破时机；③主要通过手腕的变化来改变球的运行方向；④身体重心起伏不宜过大，球杆和身体要协调配合。动作演示见二维码视频 2-8。

视频 2-8

4. 侧身掩护运球突破

双手紧握球杆侧身掩护球，利用运球速度的变化，来摆脱身体侧面防守球员。采用此突破方法应注意以下几点：①必须借助身体的掩护来保护球；②双手紧握球杆，运球速度变化要突然且隐蔽；③控球能力要强，能随时控制住球的速度。动作演示见二维码视频 2-9。

视频 2-9

5. 挡板反弹运球突破

运球者在靠近挡板处运球突破防守球员时，利用挡板的弹性，击打球至挡板，球反弹越过防守球员，运球者快速超越防守球员并接住反弹球从而达到突破防守的目的。采用此突破方法应注意以下几点：①事先计算好球的反弹角度，既保证能穿越防守球员，又要保证自己突破后能控制球；②击打的力量要适中，确保不会被防守球员抢断；③要有足够快的速度以突破防守球员。动作演示见二维码视频 2-10。

视频 2-10

6. 转身突破

运球者在运球逼近防守球员时迅速转体，利用快速的变向从左右两侧绕过防守球员从而达到突破防线的目的。采用此突破方法应注意以下几点：①运球逼近防守球员时不能提前暴露转体变向的意图；②转体时必须先用身体掩护，重心下移保护好球；③运球时球拍必须完全控制球进行 360°变向。动作演示见二维码视频 2-11。

视频 2-11

（三）运球过人时球杆和拍头的基本动作

推、拨、扣、拉、挑等动作是最基本的，也是在日常训练中熟悉球性行之有效的方法。在实际运用过程当中，这些动作既可以单独使用，也可以组合在一起使用，通过不断的练习，最终达到自如使用的程度。

1. 推球

推球是指用球拍的正面或反面触球，使球向前方或侧前方滚动的技术动作。用球拍的正面推球为正拍推球，用球拍的反面推球为反拍推球。推球动作主要在身体两侧，球拍拍头始终保持着地状态。动作演示见二维码视频 2-12。

视频 2-12

易犯错误

a. 推球时拍头离地，失去对球的控制

b. 推球时拍头没有紧贴球，眼睛紧盯球

c. 拍头离身体的位置过远，身体重心偏高

视频 2-13

2. 正、反面拨球

拨球是指使用拍头中部触球，使球向左、右两侧移动的技术动作。拨球时拍头必须紧跟球的运行方向。动作演示见二维码视频 2-13。

易犯错误

a. 拨球时拍面没有紧贴球，无法控制球的运行方向
b. 正、反拍换位时，提杆过高，失去对球的控制
c. 左、右拨球速度过慢，无法达到过人的要求
d. 身体重心过于前倾，膝盖没有弯曲

3. 扣球

视频 2-14

扣球是指运球时球员使用球杆拍头的凹面突然扣压滚动中的球，使球突然停止或改变运动方向的技术动作。扣压时，拍头着地，拍面倾斜下压，身体重心稍下降。动作演示见二维码视频 2-14。

易犯错误

a. 扣压时速度不够快，拍面倾斜度不够
b. 握杆不紧，失去对球的控制
c. 身体重心过高

4. 拉球

视频 2-15

拉球是指运球时球员手腕转动，使用球杆拍头的凹面将球停住并迅速往自己身体内侧拉回，使球更靠近自己身体的技术动作。动作演示见二维码视频 2-15。

易犯错误

a. 手腕僵硬，不灵活，没有转腕，无法将球拉回自己身体内侧
b. 拍头离地，球与身体之间的距离过远

5. 挑球

视频 2-16

挑球是指用拍头正面的凹面将球挑起，再将球抛向空中或自己重新停球或穿越防守球员或在空中飞行朝向本方队友的技术动作。动作演示见二维码视频 2-16。

易犯错误

a. 挑球的部位掌握不好，无法将球挑起或角度、方向不对
b. 无法掌握合适的挑球力度，传球精准度不够
c. 挑球后，拍头的随挥动作过大，高度超过腰部的高度
d. 挑球后，重心跟进迟缓，影响控球和快速衔接下一个动作

第三节 传 球

传球是比赛得以顺利进行的重要环节，是所有技术中最基本也是最重要的技术。它是组织全场进攻、贯彻战术意图、渗透突破、创造射门机会并得分的重要手段。传球的方法主要有正手长传球、正手短传球、反手长传球、反手短传球、空中球以及单手正、反手传球等。

一、传球前的准备姿势（以左手杆为例）

如图 2-2 所示，双手紧握球杆，侧身双脚前后站立，比肩稍宽，右脚在前，左脚在后。双膝微屈，重心落在两腿之间，拍头触地置于体侧，目视传球方向。球放置在拍头中间。动作演示见二维码视频 2-17。

视频 2-17

图 2-2 传球准备姿势

二、传球技术与方法（左手杆为例）

（一）正手长传球

正手长传球是常用的传球动作，这种方式控球时间长，可以更容易地掌控传球的方向，传球的准确度高，传球力量大。通常在佯装射门后或用侧身掩护运球后使用，是进行长距离传球的理想方法。

传球时，球处于身体后侧，拍头控制好球从后侧往前移动，速度逐渐加快，目视传球方向。球在离开拍头前，始终保持与拍头的紧密接触。球超过前脚时与拍头分离，此时速度达到峰值。拍头在移动过程中，始终指向传球方向，拍头始终压住球。左手用力压住球杆，使球杆保持一定的弹性。保证足够的转体幅度和速度，从而保持一定的出球速度，从身体后方拖杆的距离越长，传球的准确度越高。动作演示见二维码视频 2-18。

视频 2-18

易犯错误

a. 双脚平行站位，造成转体不畅，无法借助身体的力量进行传球

b. 没有对球杆施加压力，拍头压住球往前移动时稳定性不够，出球不顺畅

c. 传球时，眼睛盯住球而没有目视传球方向

d. 双手握杆的距离太近，转体不够，出球力量太小，随挥动作过高

（二）正手短传球

正手短传球动作隐蔽性强，球与拍头的接触时间短，挥杆动作快速，球杆没有随挥动作。拍头的弧度过大或击球点过于靠近球的下方，容易传出腾空球。正手短传球快速准确，适用于各种情况下的传球，特别可以在受到防守干扰、运球空间狭窄时使用，传球力量较小，距离较短。

双手握杆方法基本同正手长传球一致，拍头与球的运行距离短。膝关节微屈，重心稍向前移动，转体幅度小，出球后没有随挥动作，目视出球方向。将球控制在两腿之间，出球时，不必超越前脚即可出球。动作演示见二维码视频 2-19。

视频 2-19

易犯错误

a. 出球位置不对，身体重心过于靠后

b. 击球点过于靠近球的下方，从而传出腾空球

c. 出球后挥杆过高

(三) 反手长传球 (反拍传球)

反手长传球通常在反手停球后使用，具有挥杆动作小、出球较为平稳但控球难度较大的特点。进攻时，正手位传球遇阻时也可换反手进行传球。

准备姿势基本同正手传球，两脚之间距离更短。当主动将球从正手位拉至反手时，左脚可以上步，形成左脚在前、右脚在后的姿势。双手握杆方法保持不变，但双手之间距离更近。身体微右转，用反拍接停球时，进行必要的缓冲将球停下。从后往前移动过程中，拍头和球始终保持接触直至将球传出。传球时，身体重心逐渐前移，出球后没有随挥动作。左脚在前时，传球动作同正手，保持左手在下将球推送出。动作演示见二维码视频 2-20。

视频 2-20

易犯错误

a. 双手握杆的距离过远，身体拧转不够

b. 反拍推送球的过程，由于凸面光滑，失去对球的控制；重心过于靠前，失去对身体的控制

c. 眼睛盯住球，没有目视传球方向

(四) 反手短传球 (反拍击球)

反手短传球挥杆动作幅度较大，传球力量较大，但传球稳定性不高。也可单手进行反拍短传球。

身体基本没有转体动作，双手握杆，拍头朝后方做后引动作，传球力度大小由引拍动作幅度大小决定。传球时拍头不可着地，直接与球接触并用拍头反面中部位置击打球。身体重心基本保持不变，目视传球方向。动作演示见二维码视频 2-21。

视频 2-21

易犯错误

a. 向后引杆动作幅度太大，击球时拍头触地

b. 传球时上身后仰，传球后随挥动作过大，特别是单手反拍传球时由于手臂力量的缘故，无法控制球杆随挥高度

(五) 传空中球

当防守球员阻挡住地面的传球路线时，可利用拍头的凹处进行挑高球传球，空中球不易停住，容易造成对方防线混乱。

身体重心稍下降，球杆略放平，拍头置于球的中下部位。击球瞬间，手腕发力，利用拍头的凹处将球挑向高处，以能够穿越防守球员的防线为最佳。目视传球方向，控制球杆的随挥动作，避免造成高杆犯规。动作演示见二维码视频

视频 2-22

2-22。

易犯错误

a. 击球点过于靠上，出球高度过低

b. 击球后，球杆的随挥动作过大，拍头高度超过腰部高度

c. 传球时没有目视传球方向，影响球的落点

第四节　停　　球

一、停球动作技术分析

比赛中，除守门员在守门员区域内可以用身体的任何部位触球外，场上其他任何球员都不允许用手、头停球。除此之外，身体的其他部位几乎都可以用来作为停球的部位，但必须在身体与地面保持接触的情况下，如双脚离地则只允许用球杆触球。在对方球员使用球杆触碰球之前，可以用脚触球一次，脚部不得连续触球。

停球是利用球杆或身体允许部位将运动状态中的球控制住的过程，主要包括判断、准备、触球和后续动作等 4 个环节。

（一）判断

球员在停球前，应该迅速对来球的速度、落点、运动的路线等做出正确的判断，同时注意观察场上同伴的位置，做好停球后再传球的准备。在正确判断的基础上，合理地移动选位，占据有利的停球位置。

（二）准备

良好的停球准备姿势和正确合理的选位是接好球的保证，停球效果主要取决于身体和球杆的准备情况，因此在停球时身体重心稍下降，双膝微屈，拍头置于地上，目视来球方向。

（三）触球

触球是整个停球动作中最重要的环节，通过削弱来球的冲击力从而降低球速，最终将球停下。而削落来球的冲击力通常可以采用缓冲或改变球的运行路线的方法。

1. 缓冲

缓冲是削落来球冲击力的有效方法之一。通常情况下，球杆拍面停球部位触球时间越长，对球的缓冲作用越好。为了延长触球时间，球员可以通过使用球杆拍头停球部位前迎的方式来加大触球后引球后撤的距离，从而减缓球的冲击力。迎撤动作的幅度和速度取决于来球的速度，来球速度慢，则拍头迎撤幅度小且速度慢；来球速度快，则拍头迎撤幅度大且速度快。球杆迎撤动作主要靠手和身体的协调配合来完成，因此，停球时身体也需要跟随球杆稍做后撤动作，缓冲动作主要由球杆来完成。

2. 改变球的运行路线

通过改变球的运行路线来减弱球的速度也是停球的有效方式。在身体与地面保持接触的前提下，除头部和手以外，身体其他任何部位和球杆都可以作为停球的部位。当球以一定的角度触及地面、拍面或人体时，会因为能量受到损耗而削落冲击力。因此，球员可以通过推压、收挺、拉引等动作使球改变原来的运行方向，最终达到降低球速将球控制住的目的。

缓冲和改变球的运行路线都可以削落来球的速度，从而减轻球的冲击力。迎撤球的准备时间较长，拍面与球的接触时间长，通常在具有相对宽松的时间和空间下使用该动作技术，迎击球的准备期短，动作幅度小，拍面触球时间短，通常适用于快节奏的拼抢状态。

比赛中常用的停球方式主要有以下几种。

（1）迎撤：是指以球杆拍面部位迎接球，在触球的刹那往回引撤以缓冲来球冲击力的方法。停球前的迎球动作和触球后的引撤动作要协调连贯，引撤的时机要恰到好处，迎撤的幅度和速度与来球速度相对应，从而达到最佳的缓冲效果。

（2）推压：是指推和压合二为一的连贯动作，多用于停反弹球。在对来球的落点做好判断的前提下，使用拍头呈一定角度对准球的反弹点，在球落地的刹那，迎着球的反弹方向下压，随即与推合成一个动作，其作用力与球的反弹力形成的反作用力，使球改变运行方向，从而减弱速度并最终被球杆所控制。此停球方法须准确判断好来球的落点、反弹时间和反弹路线，掌握好推压的角度和时机。

（3）按压：是指利用拍头与地面所形成的角度来夹紧球，迫使球停止滚动的方法，多用于停地滚球。按压时，拍头必须与地面成一定程度的夹角，迎球的瞬间，稍后撤的同时用力下压，增大球与地面和拍头之间的摩擦力，使来球力量得到削落，从而达到控制球的目的。

（4）收挺：多用于停空中球，主要由身体某一部位完成。收是指停球部位的后缩动作，具有引撤缓冲动作的效果；挺是指停球部位呈一定角度主动迎接球并推送的动作，其作用是通过向上改变来球方向来达到停球的目的。胸部停球较常使用该动作。

（四）后续动作

停球的后续动作影响着停球的最终效果。不管是用球杆还是身体部位停球，停球后都必须迅速调整，利用球杆将球控制在自己可控范围之内，并迅速决定下一个技术动作，运球过人或传球。后续动作为贯彻球队战术意图打下坚实的基础。

二、停球的技术方法

从停球的部位来看，主要分为拍面停球、胸部停球、大腿停球 3 种。脚部也可以作为停球的部位，但是在对方球员或队友使用球杆触球前，只能用脚部触球一次。

（一）拍面停球

拍面停球是软式曲棍球竞赛中最为常用，也最为重要的停球方法。它可分为正手正拍停球和反手反拍停球等方式。

视频 2-23

1. 正手正拍迎撤式停球

该方式动作幅度较大、用途广泛、接球平稳、可靠性强。动作演示见二维码视频 2-23。

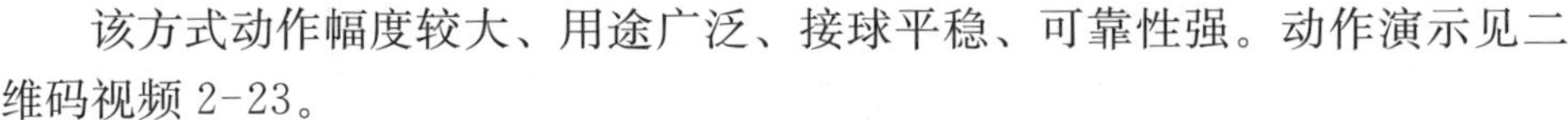

（1）停地滚球：准确判断来球的速度和方向，及时调整身体姿势，做好停球前的准备。拍头置于地面，拍面与地面成一定角度摆放。在球即将到达身体附近时，拍面上前迎接球，在即将触球的刹那，拍头随即引撤缓冲球速，将球控制在前、后脚之间。身体微侧转并与双手协调配合，双膝微屈。

（2）停空中球：双手紧握球杆，目视来球方向，拍头的凹面朝向来球。拍面触球瞬间，拍头快速下引缓冲将球卸下并控制好。拍头迎接球的高度须在膝盖以下。

易犯错误

a. 无法准确判断来球的位置或落点，不能选择最佳的迎球位置，没有做好停球准备

b. 迎接球时机掌握不好，无法准确掌握来球的速度，缓冲效果差

c. 做引撤动作时，双手和身体过于僵硬，不柔和，导致控球不稳

d. 停球后没有进一步的保护动作，造成停、控动作脱节

2. 正手正拍压迫式停球

视频 2-24

该方式动作简捷、幅度小，但失误率较高，变化较少，主要以停地滚球且来球速度较快时为主。拍面置于地面与地面成一定夹角，双膝弯曲，身体重心稍往下。停球前稍作迎球动作，触球瞬间，拍面用力下压，将球夹在地面与拍面之间。停球结束时，球位于身体后侧方。动作演示见二维

码视频 2-24。

易犯错误

a. 拍头离开地面，造成漏球
b. 掌握不好引撤时机和速度
c. 没有用力压球杆，球与拍面和地面之间的摩擦力不够

3. 反手反拍迎撤式停球

该方式动作幅度稍大、技术难度较高、停球范围较大（单手停球）。目视来球方向，判断来球速度和路线。身体重心稍前移，拍头置于地面，凸面朝向来球方向。触球瞬间，拍面迅速后撤缓冲来球冲击力，随后将球控制。其他动作要领同正手正拍迎撤式停球技术动作。动作演示见二维码视频 2-25。

视频 2-25

易犯错误

a. 对来球路线和速度判断能力差，站位不当，影响整个动作的完成
b. 控制不好拍面触球点，造成球从拍面两侧滑出
c. 单手停球时，无法掌握快速引撤的速度

4. 停反弹球

该方式对球的落点和时机把握要求高，第一下触球后的动作难度大。双手握杆，目视来球，判断球的落点。在球落地弹起的瞬间，用反拍面迅速往下压触碰球，根据球的移动方向迅速采用各种方式控制球。动作演示见二维码视频 2-26。

视频 2-26

易犯错误

a. 对球的落点判断不清，导致误判球弹起的方向
b. 压拍动作太大，失去对球的控制
c. 球弹起高度超过合理的范围，导致下一步动作失控

（二）胸部停球

软式曲棍球比赛中主要的停球方式都是通过球杆来完成的，身体部位停球只是对停球方式的补充，主要用来停空中球。胸部停球触球点较高、停球面积大，适用于停胸部以上高度的来球。

挺胸式停球：准确判断来球落点，单手握杆，拍头朝下；身体正对来球，两脚自然开立，双膝微屈，上体稍后仰与来球形成一定角度；触球瞬间，胸部主动挺送，使球触胸后弹起落于体前，随即快速双手握杆将球控制。

缩胸式停球：准确判断来球落点，单手握杆，拍头朝下；当球触胸瞬间，迅速收腹、缩胸，缓冲来球的力量，使球落于体前，随即快速双手握杆将球控制。

视频 2-27

胸部停球时，双脚不可离地，球杆高度不可超过腰部高度，且不能使用胸部连续触球。由于球重量轻、速度快，因此停球后必须快速控球并进行下一个技术动作。动作演示见二维码视频 2-27。

易犯错误

a. 对来球落点的判断有误，站位不当
b. 触球时，身体协调性不够，收挺时机掌握得不好，缓冲效果差
c. 挺胸接球时，上体仰角不合理，球的反弹角度和落点不理想
d. 胸部卸下球后，球杆没有及时跟进，失去对球的控制

（三）大腿停球

大腿的停球部位面积较大，肌肉丰富而有弹性，动作较简单，适用于接有一定弧度的高球。

接高空下落球：双手或单手握杆，拍头置于地面，身体正对来球，停球腿屈膝上抬，以大腿中部位置对准来球；触球瞬间，接球腿积极下撤后引，同时肌肉放松，加强缓冲效果，将球停于身前并迅速用球杆控制球。

视频 2-28

接快速平直运行的空中球（高度在腰部以下）：身体正对来球，支撑脚向前跨出、屈膝；停球腿膝关节朝下，大腿与地面垂直或小于 90°；停球瞬间，停球腿快速后引下撤，同时肌肉放松，加强缓冲效果，将球停于身前并迅速用球杆控制球。动作演示见二维码视频 2-28。

易犯错误

a. 停球时，大腿引撤的时机和速度掌握不好，缓冲效果差
b. 球杆上举，手腿不协调
c. 大腿停球的部位不正确，停球效果不理想

第五节　抢球与断球

抢球是指球员使用球杆将对手控制的球直接抢夺过来或破坏其下一步控

球动作，使其失去控球权的技术动作。断球是指在规则允许的前提下，球员使用球杆或身体部位将对方球员之间所进行的传球截获的技术动作。这两种技术动作是主要的防守手段，软式曲棍球比赛对抗激烈，攻防转换瞬息万变，合理有效的抢、断球对提高球队的防守水平非常重要。

一、抢球和断球的技术动作分析

抢球和断球是两种不同的技术动作，但是从具体动作环节上来分析，主要都是由判断选位、原地或上步出杆抢断和抢、断球后的衔接动作 3 个部分组成。

1. 判断选位

预判是任何准备和防守技术动作的前提，因此，准确的判断是进行有效抢、断球的前提条件，是进行移动选位的依据。防守球员在防守并准备进行抢球时，要对进攻方的动作意图、动作动机、动作变化、控球距离等情况进行分析判断，并据此选择和调整自己的防守站位，调整自己的球杆位置。通常情况下，防守球员应该站在对手与本方球门中点连线上，阻止对手往中路传球或进行射门。当对手背对球门时，可采用贴身逼抢防止其转身，并伺机进行抢球。

断球时，防守球员应准确判断进攻方的传球意图、传球时间、传球方向以及传、接球员的位置等，选择或调整自己的防守位置及球杆的摆放位置。通常情况下，防守球员应该站在对手与本方球门中点连线上，并偏向有球一侧，与对手的距离应该在向前有利于断截、向后有利于封堵的前提下，在封堵好对手传球路线的基础上，争取断球机会。

2. 原地或上步出杆抢断

球员原地或上步伸出球杆进行抢、断球要掌握合适的抢断时机，使用正确的抢断动作。抢球时，要时刻观察进攻球员的运球动向，在封堵过程中寻找机会进行抢断，只要有机会就要积极地抢先截断对方的球，但是切忌不顾后果地盲目抢断。

当球在空中运行距离较长，接球球员把注意力放在球上并消极等球时，此时是断球的良好时机。利用有利的身体位置，原地快速抢先一步伸出球杆触到球，将球断下。抢球的时机多是在对手触球瞬间，球暂时失控或远离控制时，抢先伸出球杆将球抢下。

抢、断球时，既可以使用双手握杆法也可使用单手握杆法。抢、断球的动作方法也较为多样，但是无论采用哪种动作，都应具备突然、迅猛、准确的技术特征，出其不意使对方反应不及。抢、断球时，重心前移，双手紧握球杆，加大力量积极前伸，动作硬朗，保证抢断时的动作力度。

3. 抢、断球后的衔接动作

抢、断球的主要目的是获得球或球的控制权，但是在危急情势下也具有破坏的性质。因此，在进行抢球和断球时应该考虑后续的动作，一旦抢、断球成功，球杆应该迅速回收或向球的方向快速移动，保证抢、断球和控球的连贯性。

二、抢、断球的技术方法

（一）抢球

1. 正面抢球

进攻球员运球准备正面突破防守球员，防守球员使用球杆将对手所控制的球抢过来或者破坏掉的技术动作，称为正面抢球。

原地出杆抢球：双脚左右开立，双膝微屈，身体重心下降并落在两腿之间，正面迎向对手。在对手运球试图突破时，判断好球的运行方向，双手紧握球杆并迅速伸出，用拍头将球抢下。

视频 2-29

上步出杆抢球：出杆抢球前，双脚左右开立，双膝微屈，重心落在两腿之间，正面迎向对手。出杆的同时，迈步向前，重心前移落在前脚，形成弓箭步。双手紧握球杆，拍头下压前伸，动作简洁有力。动作演示见二维码视频 2-29。

易犯错误

a. 抢球前的站位不正确，身体重心不稳，上步抢球时，重心没有前移，不能及时控球

b. 抢球的时间掌握不好，无法抢先触球。出杆动作慢，双手没有握紧球杆，抢球动作力量小

c. 出杆抢球时动作不合理导致违例

2. 侧面抢球

侧面抢球是指当防守球员与运球球员平行跑动或从后方前追成平行位时，使用球杆实施抢球的技术动作。

合理冲撞抢球：当防守球员与运球球员并肩跑动时，身体重心稍下降，同对手接触一侧的手臂紧贴自己的身体，肌肉紧张，全身用力，用肘关节以上部位冲撞对手相应部位，使其失去平衡而乘机用球杆将球抢夺过来。

视频 2-30

卡位抢球：当防守球员与运球球员并肩跑动时，在身体靠近对手的瞬间，突然加速，迈步上前，使用髋关节将对手位置卡住并乘机用球杆将球抢夺过来。动作演示见二维码视频 2-30。

易犯错误

a. 跟不上运球球员的速度，无法进行冲撞或卡位
b. 冲撞部位错误，造成犯规
c. 冲撞时，肘关节展开，以肘部推人，造成犯规

3. 侧后方抢球

侧后方抢球通常发生在进攻球员已突破防守或背对防守球员之时。由于位置上的劣势，多数情况下，都使用单手持杆法，以增加防守距离和面积，从而达到抢断的目的。

身体重心稍前倾，单手持杆，从身体两侧将球杆伸出。另一只手放置在胸前倚靠住对手背部进行保护，干扰对手的运球。动作演示见二维码视频2-31。

视频 2-31

易犯错误

a. 动作不连贯，单手力量不足，球杆移动位置过高
b. 身体重心过于靠前，手部有推搡动作，造成犯规
c. 抢断时，球杆从对方双脚之间穿过，造成犯规

第六节 射 门

软式曲棍球是以双方进球数来决定胜负的对抗性体育项目，射门动作直接决定着进球数的多少。比赛中所有的进攻与防守变化的最终目的都是为了形成射门并取得进球。比赛中射门的技术动作多种多样，要想在对方严密的防守和拼抢下，有效地完成射门，必须要有强烈的射门欲望，善于把握射门时机，选择正确的射门方法。

一、射门动作的技术分析

射门是指球员利用球杆拍头的某一部位将球击向预定目标的技术动作。射门的基本技术与传球类似，其完整的动作过程包括引拍、击球及随挥动作3个环节。

1. 引拍

引拍是指球员击球前的向后挥杆的动作。其作用是调整球杆与球之间的相对位置，使击球前获得相当的动能，通过动能传递，增加击球的力量和速度。除了原地腕射，其他大部分射门方法都离不开引拍动作，引拍动作越大，

距离越远，击球时的力量和速度越大。但切记在引拍过程中，拍头的高度不可超过腰部，以免造成犯规。

2. 击球

拍头击打球是射门技术的核心，是决定射门质量的关键，包含击球部位、击球时间和击球动作。

击球部位是指击球时拍头与球的接触点，如球的后中部、中下部或侧面部位等，它决定了球被击打出去后的飞行方向。击球时间是指拍头作用于球的时间。在固定条件下，增加触球时间，能加大击球力量，并有助于控制球的飞行方向；缩短触球时间，则可加快球的飞行速度。击球动作是指击球时拍头作用于球面时的形状及发力状况，根据不同的射门方法选择不同的拍头形状，触球的瞬间双手紧握球杆，确保击球时拍头的稳定。

3. 随挥动作

随挥动作是指球杆击球完毕后的一段随球前摆的过程。这种随挥动作既可以很好地衔接前面的动作，也可以对尚未达到最高速度的球起进一步加速的作用，同时也有利于身体和球杆的协调配合。需要注意的是随挥动作结束时，拍头的高度不得超过腰部。

二、射门的技术方法

射门的目的是取得进球，因此在出球时尽可能地让球速更快、更有力。根据不同的情况，射门的方法也有所不同，主要的射门方法有长距离腕射、短距离腕射、击射、拖射、抽射、空中球射门、转身射门、背身射门、反手射门等。

（一）长距离腕射

球位于体侧，拍头着地，出球前的运行轨迹较长，射门精度高，射门力量相对较小。通常在球员具有较多准备时间的情况下使用，由于手腕发力射门时，球在离开拍头前始终保持与拍头的紧密接触，因此，在发任意球时，不可使用手腕发力射门动作。

双脚前后分开站立，双膝微屈，重心落在后脚上。球杆后引，拍头着地，控制好球置于后脚附近。拍头控制好球，保持与地面的接触，从后往前逐渐加速挥杆，同时双手逐渐加力，球杆下压，充分利用球杆的弹性，增加出球的速度和力量。转体，重心逐渐前移，出球点在体前或超越前脚的位置，出球瞬间，手腕发力将球射出，并控制好拍头使之指向出球方向。出球后，重心在前脚，抬头目视射门方向。动作演示见二维码视频 2-32。

视频 2-32

易犯错误

a. 球离身体过远，不利于控球，运行距离过短

b. 双手没有下压，重心没有前移，转体不够，影响出球效果

c. 出球后，随挥动作过大，眼睛盯住球，没有目视射门方向

（二）短距离腕射

短距离腕射速度快、准确度高、反应时短，可以在各种不利条件下使用，通常在离球门很近时使用。

双脚前后分开站立，重心落在双脚之间，胸部朝向射门方向。双手握杆距离稍近，球置于两腿之间，出球点在体前或超越前脚的位置。稍转体，手腕发力，控制好拍头将球射出。动作演示见二维码视频 2-33。

视频 2-33

易犯错误

a. 拍头位置控制不稳，造成出球方向远离目标方向

b. 随挥动作过大，拍头高度超过腰部

（三）击射

击射是最简单、最原始的射门方法。挥杆动作幅度大，出球力量大、速度快，对球杆要求不高。通常在球员有较长准备时间时使用，后卫在中场位置进行击射居多，也适合初学者使用。

双脚分开，前后站立，充分利用转体的力量。球稍远离身体置于体前或前脚前方，大幅度后引拍，但高度不可超过腰部。触球前，拍头不与地面接触，保持拍头运行轨迹平直。双手握杆距离较近，转体，用拍头的中下部位击球，出球后控制球杆随挥的高度。动作演示见二维码视频 2-34。

视频 2-34

易犯错误

a. 双手握杆距离过远，减少了击球时的力量和速度

b. 击球时拍头着地，影响击球的效果

c. 没有充分利用转体的力量

（四）拖射

拖射出球速度快、力量大，击球稳定性高，隐蔽性强，它是最重要，也是球员喜欢使用的射门方法之一。

双脚分开，前后站立，双膝微屈，重心稍靠后。双手紧握球杆，拍头着

地，球位于身后附近并始终与拍头保持接触。转体、重心逐渐前移，目视射门方向，拍头贴地快速向前挥杆并逐渐加压，出球瞬间速度和力量达到峰值。全程始终保持目视射门方向，出球后，拍头指向出球方向，控制球杆随挥高度。动作演示见二维码视频 2-35。

视频 2-35

易犯错误

a. 球杆向前挥动时，拍头离地
b. 眼睛盯着球，没有目视射门方向
c. 挥杆速度和力量不够，击球部位不当，影响出球方向
d. 出球后，球杆随挥高度超过腰部

（五）抽射

挥杆幅度大，出球力量大，具有一定难度和不可预测性，通常在较远距离或具有较多准备时间时使用。

双脚分开，前后站立，双膝微屈，重心落在前脚。双手分开距离稍大并紧握球杆，向后方做大幅度引拍。逐渐加快速度，从后往前挥杆，拍头不触地。击球前瞬间，拍头短暂触地，双手下压使球杆弯曲，充分利用球杆的弹力。击球点及拍头的弧度决定了出球的高度，控制球杆的随挥高度，全程保持目视射门方向。动作演示见二维码视频 2-36。

视频 2-36

易犯错误

a. 站位过于靠后，重心没有落在前脚
b. 击球前，拍头触地时间过长，影响出球效果
c. 眼睛盯着球，击球时机掌握不好，击球点不正确，挥杆过高

（六）空中球射门

速度快、力量大、难度大，留给防守球员和守门员的反应时间少，击球点不易掌握。击球点必须位于膝盖下方的空间，通常在接半高球或反弹球时使用空中球射门动作。

保持正确的握杆姿势，拍头朝下，正确判断来球的落点。球即将落地或落地反弹时，先向后迅速引拍随即向前挥拍迎球击打，目视来球方向。击球后控制球杆的随挥高度，不得超过腰部。动作演示见二维码视频 2-37。

视频 2-37

易犯错误

a. 无法准确判断球的落点，掌握不好击球时机，经常漏击

b. 击球后挥杆过高，造成犯规

（七）转身射门

动作隐蔽性强，具有突然性，借助身体旋转产生的动能加大出球的速度和力量。

转身射门动作要领同拖射及腕射，只是球的位置还要靠后，球在地面运行轨迹更长。原地或移动中运球，背对射门方向，球紧贴拍头。射门时，拍头成弧线运行，前脚后撤步，同时转体，身体重心移到后脚。球紧贴身体出球，出球后，拍头指向射门方向，继续转体，重心继续移动至两腿中间，目视射门方向。动作演示见二维码视频 2-38。

视频 2-38

易犯错误

a. 转体时重心不稳，失去对球的控制

b. 转体时无法准确判断射门方向，眼睛盯着球看

c. 射门时没有充分利用转体产生的力量，随挥动作过大

（八）背身射门

动作较隐蔽，具有突然性，力量较小，速度较慢且难度较高，适合具有一定训练水平的球员。

双脚分开，前后或左右站立，重心落在两腿中间，持球背对射门方向。球位于两腿中间或靠近正手位置，双脚不动转体，使用手腕发力、拖杆、拉杆或抽击等射门方法将球击出。出球后，目视射门方向。动作演示见二维码视频 2-39。

视频 2-39

易犯错误

a. 球离身体太远，失去对球的控制

b. 出球后，失去身体重心，挥杆过高

（九）反手射门

反手射门动作难度较大，出球力量较小、速度较慢，由于比赛中所使用的拍头反面通常都较为光滑，因此，控球难度较大。通常在正手位置被防守球员阻挡或无法进行正手位置射门时使用。

双脚前后开立，肩部朝向射门位置。双手靠近握紧球杆（也可使用单手

视频 2-40

握杆法），球位于反手体侧靠近前脚位置。身体稍右转，反手位向后引杆，大臂后摆，随即重心前移向前挥杆击球，拍头保持空中运行，不可触地。击球后，控制球杆随挥高度。动作演示见二维码视频 2-40。

易犯错误

a. 双手握杆距离太远，造成挥杆困难

b. 球的位置在身体后侧，造成击球困难

c. 挥杆过高，特别是单手挥杆时，由于手腕力量不足，造成球杆的随挥高度超过腰部

第七节　守门员技术

守门员是球场上最重要的球员之一，是防止对方球队射门得分的最后一道屏障。一旦守门员被突破，对手即可得分。守门员在场上的位置决定了其与场上其他球员在技术、战术、活动方式和心理方面都有着极大的区别。守门员的主要职责是控制守门员区域，确保球门安全。守门员在守门员区域内主要用手、腿及身体的移动来完成技术动作，实现防守任务。软式曲棍球比赛中守门员不仅要守住球门不失球，还需要协助其他球员扩大防守区域，充分利用规则赋予的特权，封锁和控制本方守门员区域的空间。因此，守门员往往既是本队防守的组织者、协调者，又是进攻的始发者，对比赛胜负起着举足轻重的作用。

一、守门员装备

由于软式曲棍球比赛的特殊性，当球击打到面部时，没有通过安全认证的头盔可能无法起到保护作用，从而造成不可挽回的后果。守门员裤子的膝部位置如果不加上衬托也将无法对膝盖起到保护，造成严重的膝部运动损伤。因此，在正式比赛中，守门员必须穿戴一整套完整的且通过国际软式曲棍球联合会认证的专业守门员装备（图 2-3）。

（一）手套

守门员自己决定是否戴手套，规则中没有规定守门员必须佩戴手套。为了安全起见，特别建议在练习软式曲棍球的初始阶段，尤其是青少年球员应佩戴手套。手套应该具有足够的紧度，以便在抛球时不会影响守门员对球的控制。比赛时可以使用软式曲棍球专用手套，也可以使用符合比赛要求的其

图 2-3　守门员全套装备

他球类运动的守门员手套。

（二）头盔

守门员专用头盔必须适合守门员的头部，大小适中。面部防护栏应该具有良好的视野，但是栏间的洞眼不能太大，以免拍头或球穿过防护栏伤及面部。

（三）护膝、护肘及上衣内胆

护膝和护肘通常用在肘关节和膝关节部位，防止关节扭伤，减轻关节部位的受力。护膝和护肘应该具备一定的弹性和绷紧度，以免在练习或比赛时脱落，但是不能太紧，影响到守门员的移动。通常在守门员上衣的胸部位置也会缝制衬托或者穿上内胆以保护胸部。

在练习的初期，练习者可以穿着较为厚重的裤子代替衬垫，但是从长远的角度来看，专业的护具必不可少。

（四）守门员专用裤子

守门员专用裤子的前部都会装有特殊的衬垫，通常是由尼龙和聚酯混合材质制作而成。练习初期，可以使用宽松、长度适中的普通裤子来代替专业的守门员裤子。

（五）守门员专用上衣

守门员专用上衣的袖子较长，在肘关节部位缝合特殊的衬垫以保护肘关节，正面胸部和腹部位置也缝制有特殊的衬垫，通常还缝有衣领以保护咽喉部位。

二、守门员技术分析

守门员技术是指守门员围绕球门所采取的有效的防御性动作和组织发动

进攻时所采用的动作方法的总称。其主要的表现形式是用手和腿进行接球、挡球、传球及完整的扑救和身体阻挡球等。

守门员在运用各种技术时大致都经历以下几个阶段。

（一）观察预判阶段

对场上情况进行观察并做出相应的预判是守门员防守的第一步。观察时，视野要开阔，纵览全局，时刻关注攻防球员的位置变化，对于持球球员进行重点观察。在观察的基础上，通过分析进行预判，从场上形势的变化和对手的跑位来判断其进攻意图。从球的运行状态，判断其路线、性能、速度和落点，从而为防守做好积极的心理准备和动作准备。

（二）移动选位

在前期观察和预判的基础上，守门员要根据来球的发展变化，进行相应的移动和选位。守门员的防守移动主要有站立跑位、跪立位蹬地滑步等。守门员的选位是指通过有目的的移动调整自己与球和球门之间的位置关系。从防守角度上应选在球与球门线中点的连线上；从站位距离上，向前应能最大限度地封堵射门的角度，向后则能有效地增大防守面积。

（三）准备姿势

视频 2-41

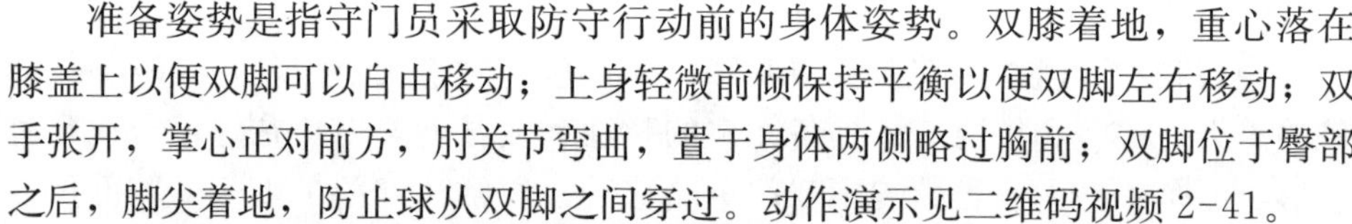
准备姿势是指守门员采取防守行动前的身体姿势。双膝着地，重心落在膝盖上以便双脚可以自由移动；上身轻微前倾保持平衡以便双脚左右移动；双手张开，掌心正对前方，肘关节弯曲，置于身体两侧略过胸前；双脚位于臀部之后，脚尖着地，防止球从双脚之间穿过。动作演示见二维码视频 2-41。

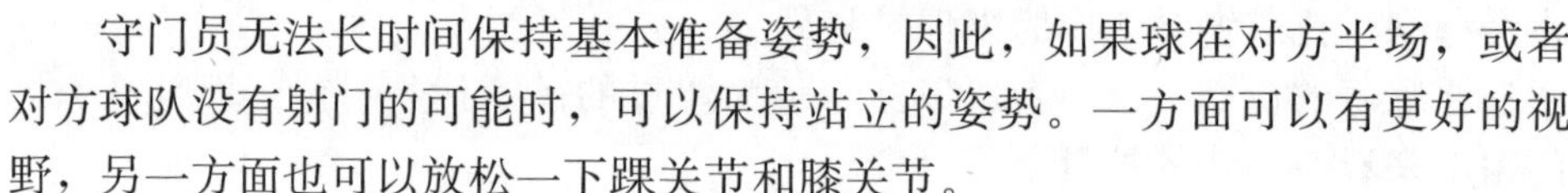
守门员无法长时间保持基本准备姿势，因此，如果球在对方半场，或者对方球队没有射门的可能时，可以保持站立的姿势。一方面可以有更好的视野，另一方面也可以放松一下踝关节和膝关节。

除了基本的准备姿势以外，还有一些守门员有自己个人独特的准备姿势，根据守门员个人的身体条件而有所差异。不论什么姿势，只要有利于更敏捷的反应、更快速的移动都可以作为基本姿势。

（四）防守应答

防护应答是指守门员对射向球门范围内有威胁的来球做出相应反应的技术动作，包括心理反应和应答动作。其中反应的准确性和敏捷性直接影响应答动作的完成，而应答动作的速度和合理性则直接影响防守动作的效果。

守门员的应答行为基本上可以分为出击防守和门区防守 2 类。出击防守时，判断要准确、动作要果断、时机要恰当。出击防守通常是守门员在应对对方球员单刀突破而本方防守球员又无法及时跟进时采用的一种防守动作。门区防守则是指守门员根据各种射门所做出的应答行为。

在进行出击或门区防守时，守门员应根据场上的具体情况选用不同的动作方法，如挡、扑等。对于球速慢、角度正的射门应尽量采用接球方法；对于球速快、角度刁的射门可采用阻挡、扑救等方法。

（五）接球后的行动

守门员在扑救球结束且控制好球后，往往意味着防守行动的结束和本方进攻的开始。因此，高水平守门员不仅要具备极高的防守能力还要具有强烈的快速进攻意识。接到球后的第一反应是能否发动快攻，要迅速观察场上球员的位置及跑动意图，并与其作眼神的交流，只要队友有前插进攻的意图且位置较好时迅速将球掷出，发动快速进攻。若没有快速进攻的机会则将球抛给处于安全位置的防守球员。软式曲棍球竞赛规程规定，守门员持球时间不能超过 3 秒，因此，守门员必须在很短的时间内迅速做出判断，并采取合理的行动将球掷向本队球员。

三、守门员技术详解

比赛中，球员禁止向本方守门员传球，球员通过与守门员之间的互相传递达到一定攻防效果的路径被切断，因此守门员手抛球发动进攻是守门员参与全队整体进攻的关键一环。通过手抛球发动快攻、稳定防线是守门员的重要职责之一，因此掌握争取持球的方法对于比赛至关重要。

（一）手部及上肢动作

1. 手部持球

持球手掌自然张开，五指收缩呈中空圆柱形。单手持球，大拇指、食指和中指紧扣住球，无名指抵住球起稳定作用。动作演示见二维码视频 2-42。

视频 2-42

易犯错误

a. 手掌并拢，持球面积小

b. 掌心和球全部接触，呈握拳状

2. 手抛地滚球

手抛地滚球是较为安全的抛球方法，稳定性好，有助于队友顺利接球；其不利之处在于，当本方队友保护球的能力较差或对方进行前场紧逼反抢时，具有一定的危险性，容易被对方断球。通常在对方没有进行前场逼抢，本方球员正在进行进攻战术安排时使用此方法，传球给最接近守门员位置的队友。

守门员单手持球，单膝着地或靠近地面，重心下沉。手部先做后引动作，随后向前挥动手臂，单手靠近地面时，掌心朝前释放球，使球向预定方向滚

视频 2-43

动前行。根据距离远近，使用不同的力量。动作演示见二维码视频 2-43。

易犯错误

a. 出球时直接将球抛出，球没有形成滚动状
b. 出球时力量过大，增加了本方队友接球难度
c. 没有将球传给最靠近自己的队友，增加被断球的风险

3. 长距离地滚球

长距离地滚球有利于快速打开进攻局面，稳定性较好，利于本方球员快速控球。其不利之处在于如果对方进行紧逼防守，传球路线容易被切断，从而造成控球权的丢失。通常在本方进行快速反击、对手防线未布置完整的情况下使用此方法。

视频 2-44

双脚前后站立，侧身面向出球方向，单手持球置于肩后，靠近耳边。肘关节朝向与出球方向相反，出球时，手腕转动向外向前成弧线运动，同时重心逐渐下沉，膝盖弯曲，手部靠近地面时球出手。球的第一落点尽量远离守门员，但不可超过球场中线。出球后，手臂指向出球方向，整个出球过程手腕保持放松。动作演示见二维码视频 2-44。

易犯错误

a. 双脚平行站立，没有侧身，肩部没有朝向出球方向
b. 整个过程手腕过于僵硬，动作不协调
c. 球的落点过于靠近守门员或超过中线

4. 短距离反弹球

短距离反弹球利于开展快速反击，通过反弹球直接将防守球员置于球后，破坏对手的防守。当对手敏锐地截断传球路线时，会直接造成本队防守的被动。

视频 2-45

单手持球，手臂上举，将球置于肩后，肘关节弯曲。手臂向前下方做甩臂动作，球的落点靠近守门员以利于球的反弹。球的反弹高度以超过对方球员球拍高度为宜。反弹后球尽量贴着地面滑行，方便本方队友接球。动作演示见二维码视频 2-45。

易犯错误

a. 用力过大，球反弹过高
b. 落点离守门员太远

5. 长距离反弹球

长距离反弹球速度快，对方难以进行截断，是快速缓解本方防守压力，将防线前移的有效手段。缺点是球较难控制，容易失去控球权。通常在对手进行前场压迫式进攻且都聚集在守门员区域附近时或本方前锋游弋在对方半场伺机射门时使用此方法。

双脚分开，前后站立，单手持球置于肩后。出球时，先转体再转臂，手臂由后往前进行挥臂。球在肩部位置出手，手臂继续随挥动作，并朝向出球方向。肘关节和手腕控制出球的具体方向，肩部始终朝向出球方向，整个过程手腕保持放松。注意球的第一落点不要超过中线。动作演示见二维码视频 2-46。

视频 2-46

易犯错误

a. 双脚平行站立，抛球时没有转体，造成出球不顺畅

b. 整个过程肩、肘、手腕没有协调配合，动作僵硬，造成出球落点过于靠近自己

c. 重心下沉，出球高度过低

（二）腿部动作

守门员在防守状态下，腿部动作主要跟随上肢的移动，并做同向运动。守门员在基本准备姿势状态下，保持上身不动，左右腿同时做同向运动，封堵尽可能大的防守面积，同时确保中路没有空当，是软式曲棍球运动当中独有的防守动作。

保持正确的基本防守姿势，在同向运动时，外侧腿尽可能伸展足够的距离。内侧腿同时迅速摆动至臀部下方，封堵中路空当，左右侧两腿成“之”字形。动作演示见二维码视频 2-47。

视频 2-47

易犯错误

a. 两腿没有同时移动，动作脱节

b. 内侧腿没有完全封闭中路的空当，造成中路处于半开放状态

c. 身体没有前倾和伸挺，防守面积缩小

（三）步法

步法是守门员最重要的移动要素，由于项目特点，守门员主要是在双膝跪地的状态下进行移动，因此，步法主要是指脚和膝盖相结合的移动方法。

1. 前进步

守门员在基本扑救姿势状态下，通过快速前移，封堵进攻球员的射门，增加防守面积，具有动作迅速、防守应答迅捷、快速到位、有效干扰对方球员射门的重要作用，也是在双膝着地状态下最快速的移动方法。

视频 2-48

单膝支撑，另一只腿迅速抬起迈向前方，脚跟着地。完全着地后，脚尖发力蹬地，推动身体向前移动。抬腿，支撑腿膝盖同时蹬地发力向前滑行。蹬地腿迅速膝盖着地，并同时向前滑行，还原基本扑救姿势。动作演示见二维码视频 2-48。

易犯错误

a. 抬腿高度不够，导致蹬地腿无法完全发力
b. 蹬地后，没有滑行，导致移动速度下降
c. 移动时，上身及手部防守动作缺失

2. 后撤步

后撤步在基本扑救姿势状态下进行，但是动作难度较大，对身体协调性和下肢柔韧性要求较高，在部分情况下可以借助手部来协助身体的移动，是快速从守门员区域返回门将专属区域的重要移动方法。后撤步从左右两侧后方移动皆可。

视频 2-49

移动腿膝盖抬起向外侧偏后方伸展并着地，脚尖保持原地不动。膝盖着地后，作为支点向前发力，推动身体后移。同时，支撑腿向前方蹬地发力，迅速配合移动腿后撤还原成基本扑救姿势。动作演示见二维码视频 2-49。

易犯错误

a. 移动腿外展幅度不够，导致膝盖落地后推力不够
b. 后撤移动时，身体没有保持面对前方
c. 双腿不协调，导致前后动作脱节

3. 横向移动

横向移动是变换防守位置、封堵射门的必要手段，根据移动幅度和速度主要可分为大步侧向移动和小碎步移动 2 种。

大步侧向移动：应用于门前快速的左右两侧封堵，速度快、幅度大，能很好地从球门一侧迅速移动至另外一侧，确保守门员处于最佳的防守位置。应注意移动腿向右（左）侧抬起时，脚跟先着地，随后过渡到脚尖和膝盖；膝盖着地后，发力蹬地带动身体向右（左）侧移动；支撑腿同时发力蹬地，推动身体移动；移动动作完成后，还原成基本扑救姿势。动作演示见二维码

视频 2-50。

视频 2-50

易犯错误

a. 两侧抬腿幅度不够，导致膝盖先着地
b. 移动过程中，身体转体动作过大，没有面对正前方
c. 双腿不协调，导致移动受阻，动作变形

小碎步移动：保持基本扑救姿势，上身略微前倾，膝盖微微抬起向一侧移动。支撑腿膝盖撑地，快速跟随移动。目视前方，双膝移动，保持节奏的一致性。动作演示见二维码视频 2-51。

视频 2-51

易犯错误

a. 移动幅度过大，导致动作脱节
b. 上身僵硬，动作不协调

第三章　一至三级测试

第一节　主要技术动作

在第二章中，我们介绍了软式曲棍球的基本技术，以单个技术动作为核心要素，复原关键技术要点，并对完整动作进行了示范和讲解，然而，技术在实践或比赛中的应用需要通过一系列连贯、完整的动作来体现，因此结合青少年软式曲棍球运动技能等级标准测试方法，本章和第四章将逐一讲解每一等级的主要测试技术动作，并介绍提高相关技术动作水平和能力的针对性练习和专项体能练习，使读者更好地掌握技能等级测试方法，提高技能等级水平，全面提升软式曲棍球运动技能，为比赛中展现精湛的技艺打下良好的基础。本章所有示范动作以左手杆为例。

一、直线运球移动

直线运球移动主要运用于进攻中的快速前移、比赛中快速突破或反击，既要求保持较高的移动速度，又要求能有效控制球，是完成其他技术动作的必要条件，也是重要的基础技术动作之一。对于初学者而言，有效、安全并合理地控制球的移动轨迹，使之能按其既定的移动路线移动是首要任务。

球员在直线移动过程中，双手握杆运球并全程保持拍头对球的有效接触和控制，目视移动方向，以最快的速度完成一定的移动距离。移动过程中应保持身体重心下移，目视前方，余光扫视球。保持正确的握杆方式，拍头略向前倾斜与地面保持一定的角度。球与球杆拍面持续性接触，直线向前方移动。球位于正手位身体侧面偏中间位置。动作演示见二维码视频 3-1。

视频 3-1

易犯错误

a. 跑动过程中，重心过高，眼睛盯着球

b. 单手握杆，球的位置过于靠前，拍头与地面成反方向斜角

c. 移动过程中，球离开拍头过远，球员失去对球的控制

a. 掌握正确的双手握杆运球方法

b. 运球练习时目视移动方向，多靠拍头感知球的位移

c. 加强原地运球练习

二、运球急停变向

软式曲棍球是一项在高速运动中运用不同身体移动节奏变化，并借助不同技术手段来实现运球、传球和射门并最终得分的运动项目，因此运球急停变向是最为常见的技术动作，通过运球急停变向来规避防守并转移跑动路线来寻求更佳突破、传球或射门路线是终极目标。运球急停变向是指球员在运球移动过程中，当遇到阻碍时，迅速利用转体变向规避对方防守球员并寻求更有利位置运球的技术动作。

急停变向前的运球动作同直线运球，右脚上步提前进行制动，随后左脚迈步越过右脚并转体。右手内旋，左手压杆，跟随身体转体做顺时针画弧。手腕发力，拍头内收，迅捷地完成变向动作，恢复成正手位运球。动作演示见二维码视频 3-2。

视频 3-2

易犯错误

a. 身体和球杆节奏脱节，造成丢球

b. 右手内旋角度不足，手腕乏力，控球失误

c. 球运行弧度过大，造成丢球

纠正方法

a. 练习原地运球转体动作

b. 练习原地运球绕障碍物

c. 持杆无球状态下，进行折返跑练习，体会急停转体动作

三、移动挑高球

移动挑高球主要应用在前方地面或低空领域没有传球路线，后方又缺乏队友支援的情形。通过直接挑高球将球挑入对方半场，给对方防守造成混乱从而给本方进攻球员创造进攻机会。移动挑高球是指球员运球移动遇到障碍物时，在不停球的情况下，通过使用球拍正面，将球挑向空中越过障碍物落

在预定地点的技术动作。移动挑高球具有一定的突发性，对球落点的判断和停球技术要求较高，因此，合理地拿住球对双方球员来说都是一种挑战。

视频 3-3

通常情况下，挑高球由后卫人员来执行，通过将球挑高、挑远规避中场防守，直接对对方危险区域进行干扰，是一种特殊的传球形式。拍头反面先压住球，然后快速后拉，让球滚上拍头正面。左手手腕发力，将球快速向正前方挑起。根据障碍物情况和预计的落点，选择用力程度。挑球后，球杆的随挥高度不得超过膝部位置。动作演示见二维码视频 3-3。

易犯错误

a. 拍头正面和球没有实际接触，挑球没有着力点
b. 动作迟缓，无法将球挑起
c. 挑球后的随挥动作过大，造成犯规

纠正方法

a. 原地练习用拍头捡球，体会拍头反面压球后拉的动作
b. 定点挑球，提高落点的精准度
c. 双手正确握杆，挑球后体会右手压杆动作

四、移动运球绕障碍物

移动运球绕障碍物集中体现了球员身体和运球技术的结合程度，基本涵盖了运球的核心技术，是初学者必须要掌握的技术动作。移动运球绕障碍物是指球员在直线向前移动的过程中，运用球杆控制球前行并连续快速绕过多个障碍物的技术动作，通常以同等条件下，通过相同距离和障碍物的耗时情况来判断球员技术动作掌握的熟练程度。

视频 3-4

运球时目视前方，余光看球，人球必须同时绕过障碍物。球在身体前方，双手握杆，使用正反拍面推拨球。双手握紧球杆，右手控制方向，保持身体和球变换的正确节奏。动作演示见二维码视频 3-4。

易犯错误

a. 只有球绕过障碍物，身体没有绕过障碍物
b. 运球时只盯着球，没有注意观察前方
c. 单手握杆，运球时采用击打的方式触球

纠正方法

a. 绕障碍物时，强调人球同时绕
b. 练习时左手握紧球杆，在整个过程中保持不放松
c. 拆分动作进行分解练习，以两个障碍物为一组，体会动作要点

五、移动传接球

移动传球技术动作是比赛中获取胜利的关键因素，是战术运用的必要条件。球队球权的转移或获取，主要通过传球和接球来实现，教练员战术意图的贯彻也通过传接球来执行。受条件限制，青少年运动技能等级标准的测试中要求接球主要通过击打挡板并停反弹球来完成，具有一定的不可预测性，要求被测试者传球击打挡板时控制好力度和角度，从而顺利完成接球任务，体现停球技术。因此，移动传接球是指球员在运球移动过程中，通过传球给预定的目标（挡板）并安全顺利接住反弹回来的球继续进行下一个任务的技术动作。

传球时必须具备相当的速度，以传地滚球为首选。上身略前倾，双膝弯曲，两脚前后分开，传球点在两腿之间。手腕发力，拍头倾斜下压，传球贴着地面进行。传球前控制好球并目视传球方向或目标将球传出。根据反弹回来球的落点，选择正确的停球方法，主要采用缓冲卸力式停球法。动作演示见二维码视频 3-5。

视频 3-5

易犯错误

a. 身体直立，两脚平行，传接球点太靠前或靠后
b. 传球前眼睛盯着球，传球结束后才目视传球点
c. 手腕没有下压，导致传球弧度过高，甚至越过前方挡板
d. 传球力度和角度不够，导致球没有反弹回来

纠正方法

a. 原地多体会手腕发力压杆传球动作
b. 原地对着挡板传接球，掌握传球的力度和角度
c. 控好球，眼睛不看球，对准目标进行传接球练习

六、360°转体运球移动

360°转体运球是运球变向的特殊形式，球员可以通过单个或连续的 360°

转体变向来改变移动路线，规避对方堵截，创造更佳的运球突破或传球路线，对手腕与球杆的配合以及球拍对球的精细控制要求颇高，在实践中运用往往有出其不意的效果。

球员运球移动前进遇见障碍物时，使用球杆控制好球，带球围绕障碍物转体移动360°，再回到切入点重新运球直行。双手握杆，拍面将球控制在身体的侧后方，身体重心下移。转体绕障碍物时，内侧脚步先行，身体向内侧倾斜。左手握紧球杆发力内旋，拍面内倾，压实球。转移速度快，球拍和球的移动逐渐加快。动作演示见二维码视频3-6。

视频3-6

易犯错误

a. 身体重心偏高，球的位置靠前
b. 单手握杆，缺乏对球的精细控制，导致弧度加大时，球脱离控制
c. 身体和球杆同时做弧线运动时不协调，转体时速度过慢

纠正方法

a. 保持基本运球姿势，放慢动作速度，体会动作要点
b. 确保双手握杆，体会手腕内旋发力动作
c. 进行单手握杆，原地带球转圈练习

七、移动中射门

移动中射门是指在移动运球过程中运用各种方法进行射门的技术动作，射门是球队在完成组织进攻、阵地进攻以及防守反击等战术内容之后，对防守方球门发动攻击的最后一环，是取得进球得分并决定比赛胜负的最终实现手段。射门的水平和质量直接决定了战术运用的最终效果，是球队进攻能力的直接体现。

移动中射门主要使用拖射、腕射等方式，下面以拖射为例进行介绍。运球移动过程中始终保持对球的控制，球不得离开拍头。球的位置位于身体的后侧方，增加动作的隐蔽性。双膝微屈，重心略下沉，身体略前倾，目视射门目标。手腕发力压杆，运球速度超过移动速度，出球前速度达到最大。

易犯错误

a. 移动中失去对球的控制
b. 球的位置过于靠前，导致出球前缺少加速度
c. 节奏不对，没有借助身体和手腕的力量，导致动作脱节，射门无力

a. 加强移动带球练习

b. 加强原地射门练习，体会射门前的手腕压杆发力技术要点

第二节　教学建议

体育教学活动，或者说在本书中所进行的专项运动技能传授，其实质是体育教学方法的具体应用，必须遵循体育教学的科学规律，必须根据不同的目的和任务、运动项目的特点以及教学客观条件来选择相应的方法。在接下来的学练过程当中，我们主要以讲解、动作示范、演示等教学方法来向读者传递相关的信息，并通过分解、完整、领会、循环等练习方法来展示和诠释具体技术动作核心要素。

完整的教学过程主要包含了教学目标、教学内容、教学关系、方式方法、教学环境以及教学反馈等过程性要素。教师或者教练需要在整个教学过程中体现出这些要素，并经历教学过程的准备阶段、实施阶段以及检查与评价阶段。本书建议在进行教学活动时遵循以下几个主要原则：

第一，育人为先，以学习者为主体原则。在进行教学活动时，教师应该根据学习者的需求和特点来合理安排教学内容，设计教学过程，充分发挥学习者主体的主动性和创造性，并重视体育道德规范。

第二，身心全面发展原则。身心全面发展原则是指，在教学过程中，不仅注重学习者运动技能和身体素质提升，也要重视他们的心理健康，通过合理的情绪调动、交流互动方法来促进其身心协调健康发展。

第三，技能教学为主原则。技能教学为主原则是指，在教学过程中，作为教学核心目标和内容的动作技能学习是要在课堂或者训练场上重点向学生传授的内容，并在有限的教学时间内使学习者尽快掌握关键技能。

第四，终身锻炼原则。终身锻炼原则是指在进行教学活动时，应当使学习者掌握的相关运动技能、健康知识以及体育文化内涵既能在儿童青少年时期的各种体育比赛、游戏、竞技活动中熟练运用，也能贯穿其整个人生，为其终身保持规律体育锻炼提供体育知识和运动技能储备。

第五，兴趣优先，实践强化原则。在体育教学活动过程中，首先要引导、激发和培养学习者对课程内容的兴趣，提高学习者参与度，然后再通过设计不同体育实践活动来进行强化，从而使其主动学习能力在教学过程中得以长久保持，提高教学效果，顺利完成教学任务。

一、教学步骤

球员个人技术的掌握程度是基础，球员个人的体能状况是保障，球队的战术运用是核心，因此，在进行相关内容的传授时必须遵循体育教学的规律、结合青少年身心发展规律，合理开展教学活动。在对标青少年运动技能等级标准测试方法的基础上，本书仅对个人技术改善和专项身体素质提升方面进行详细讲解，以期给读者带来更有针对性的专业指导。

教学步骤从宏观和微观两个方面来执行。宏观的教学步骤是从项目的完整体系出发，以实现教学和育人目标为主线，综合考虑教师或教练、学生、场地器材、教学环境等多方面因素，剖析在教学过程中可能出现的各种问题，然后针对性地提出相应对策和教学措施，并在实施过程中评估具体效果，同时做出一定调整，直至达到最佳教学效果。微观的教学步骤则以具体的某一堂课为载体，遵循教育教学规律，在教学理念指导下，从教学内容、教学目标、教学指导、学生活动、教学组织以及教学过程实施等几个方面进行设计，按照身心认知发展的科学顺序，将专业知识技能传授给学生，使学生快速理解、领会和掌握授课内容，并最终掌握相关运动技能、体育与健康知识，提升体育文化素养的必经途径。

（一）学情分析

了解授课对象的软式曲棍球知识基础情况、能力情况以及学习特点，根据实际情况选择适合的教学策略和教学方法。

（二）课前预习

参照本书技术动作介绍视频，在授课前要求学生提前观看视频，初步了解课堂内容，掌握专业术语、基本动作要点及易犯错误等知识，了解相关专项身体素质练习方法，进行课程开始前的导学。

（三）内容导入

课程或训练课开始前几分钟，简要介绍本堂课的主要教学内容，预期的学习效果，对上一次课的问题回顾，加深学员对教学内容的理解，进行课程内容的导入。

（四）热身活动

热身是一切身体运动技术教学或身体活动的基础，通过热身来优化后续课堂学习或训练时的运动表现，提升肌肉和关节活跃度，降低运动损伤的风险，提高学生的兴奋度，为更加激烈的身体活动做好生理和心理准备，也为完成课堂任务做好充分的准备。

（五）任务实施

任务实施是指本堂课所要教授的具体内容在教学活动中的具体实现，是教学方法的具体运用，是课程的核心部分。通过教师指导、学生练习、教师纠错以及学生反馈等过程来最终达到掌握运动技能、体育健康知识，锻炼意志品质，提高身体素质等教学目标。动作技能教学具体方法如下：

（1）先进行技术动作的讲解和示范，详细阐述动作要领和明示动作过程，使学生初步建立技术动作的概念。

（2）进行原地模仿练习，先进行无球技术动作练习，再进行有球技术动做练习，以进一步明确动作概念。

（3）在简单的条件下进行练习，如在原地、慢速、近距离、定位球等情况下进行练习，多次重复某一动作，以促进技术动作的掌握。

（4）改变练习条件进行练习，若学生在简单条件下已经可以较好地完成相关技术动作，则可以进一步改变练习的条件，提高练习的难度，如原地练习变为移动中练习、慢速练习变为快速练习、近距离练习变为远距离练习、单个动作变为组合动作等，以此达到巩固、提高的目的。

（5）在对抗条件下进行练习，对抗练习可由消极对抗逐渐过渡到积极对抗，对抗练习既可以提高学生的兴趣，又可以增加比赛中的实践演练效果。

（6）在比赛或竞赛性练习中提高技术动作的运用能力。

（六）总结反馈

总结反馈包括拉伸放松活动，在轻松愉快的氛围中对课程进行回顾和总结，思考总结本课所学动作，牢记要领，指出不足，表扬优秀，若有上一次课布置的任务，应进行相应反馈。

（七）教学反思

课后及时对本堂课的教学效果进行反思，了解学生技术动作掌握情况、学生的思想动态、教学方法运用是否得当。对存在的问题进行分析并提出相应的解决办法和改进措施。充分利用线上平台工具和学生进行互动和交流，提高学生自我分析能力。

为方便读者掌握教学内容、熟悉课堂教学的完整教学步骤，本书在最后一章中提供了软式曲棍球教学大纲，并以一堂软式曲棍球实践课程为例，设计了具体案例作为参考，练习者可根据实际情况进行设计、运用。

二、学练方法

在进行具体技术动作学习之前，可以先熟悉球性或者进行球感练习，球感的形成需要一段较长的时间，因此可以作为课后作业布置给学生，也可以安排在课前作为热身活动内容之一常态化进行。熟悉球性通常是指球员通过使用球杆利用推、拉、拍、挑、颠等技术动作来增强对球的感觉和控制能力。练习的方法多种多样，绝大部分动作都由球杆来完成，也可以用大腿、胸部等竞赛规则允许的身体部位进行辅助练习。熟悉不同形式来球的感觉并提高控制能力，尽可能多地接触球，使球杆、身体、球三方达到一定程度的协调统一。

（一）技能学练方法

1. 球性和球感练习

（1）拍头捡球后抛接球：尽可能减少手对球的直接接触，熟悉球杆对球的控制，掌握停空中球以及对球落点的判断。主要以个人练习为主，也可进行双人或多人之间的抛接球练习。

视频 3-7

双手保持正确握杆方式，重心下移。拍头反面压住球，向后下方下拉，随后迅速将正拍置于球的后下方。待球滚进拍头范围，迅速拉提拍头并置于水平位置，使球稳稳地停在拍头上。抬杆至腰部高度进行抛接球。身体放松，不耸肩。动作演示见二维码视频 3-7。

易犯错误

a. 按压拍头向后下拉力度不够，导致球的滚动不够

b. 球滚上拍头后，提拉拍头的速度不够，导致掉球

c. 动作僵硬，接球时没有缓冲，导致丢球

（2）拍头颠球：一种是通过拍头的立面颠球，另外一种是通过拍头的平面颠球，两种方式都可以有效提高球感以及球员对球落点的判断力，提高球杆击球时力度的控制能力。主要的练习形式有：自捡自抛自颠式、限定时间的颠球比赛、组合部位颠球、行进间颠球等，其间也可借助大腿、胸部等身体部位练习颠球，进一步提高控制球的自信心。

视频 3-8

用球杆捡球，将球停于正拍面。将球抛起，在球落地之前，随即迅速将拍头朝下放立，拍头直立，上端立面朝上，准备接球，拍头高度一般不超过膝盖。用拍头中部立面进行连续颠球，使球不落地，颠球高度一般不超过 10 厘米。动作协调，不耸肩。动作演示见二维码视频 3-8。

易犯错误

a. 捡球及抛接球技术不过关，无法形成正确的颠球姿势

b. 颠球高度过高，无法形成连续性

c. 用拍头平面颠球时，球停留在拍面时间过长，变成抛接球动作

d. 身体和球杆不协调，出现耸肩动作

(3) 拍面拍球：拍球动作有助于提高停反弹球时的准确性，改善手腕精细动作控制能力，提高身体、球杆和球之间的协调配合能力。

用球杆捡球，并将球挑起。双手握杆，拍头反拍面朝下，在球落地弹起之际进行拍打。重心下移，用拍面连续拍球，不停顿，球弹起高度一般不超过 10 厘米。以同等时间，拍击的次数多为目标。动作演示见二维码视频 3-9。

视频 3-9

易犯错误

a. 没有用拍头反面进行拍球
b. 拍球的力度不够，导致球弹起高度不够，无法形成连续拍击
c. 重心太高，拍球动作不协调，没有用手腕发力

(4) 原地单手左右弧线运球：可以有效体会拍头和球的切合度，感知球杆对球的实际控制，特别是在弧线移动过程中对球旋转方向的把握，有利于后续运球变向等动作的掌握。

单手握杆，拍头正面控球，不变化拍头方向。从左向右弧线移动时，拍头和球保持紧密接触，即将停止变向前迅速将拍头立起，阻挡球的运行方向并将球停住。从右往左移动时，拍头紧贴球做内旋将球拉回直至球完全停止。手腕左右转动，精细控制球杆转动方向并传导至拍头。动作演示见二维码视频 3-10。

视频 3-10

易犯错误

a. 移动速度过慢，球没有形成旋转，无法形成弧线
b. 变向时，拍头竖立阻挡球的动作过慢，导致失去对球的控制
c. 回拉时，拍头和球分离，球受力不均，导致移动路线偏离正常轨迹
d. 左右拉球移动幅度太小，无法形成弧线运动，动作效果不佳

2. 直线运球移动练习

(1) 单手握杆直线运球：促使球员熟悉球拍对球的控制，提高移动中跑动姿势和控球的配合程度。两脚前后分开站立，面向移动方向，将球放置在身体左侧两腿之间，右手单手握杆控球，做好出发前准备姿势。听到口令后，匀速带球向前方跑动 10 米左右距离，速度中等。

双膝微屈，重心下移，面向跑动方向。移动过程中，手腕发力，压住球杆，使球杆与地面成斜角，拍头略向前倾斜，保持对球的控制。球和拍面始终保持持续性接触或间断性接触（距离不得超过 5 厘米）。练习者目视移动方向，用余光观察球的滚动。开始练习时，速度放慢，主要体会控球动作，体会运球和跑动的协调配合。动作演示见二维码视频 3-11。

视频 3-11

易犯错误

a. 球放置在身体正前方
b. 跑动中，变运球为推球前行，容易造成丢球
c. 眼睛盯着球看，没有目视前方

(2) 双手握杆直线运球：发展运动员在直线跑动过程中双手握杆运球能力，提高全身协调性，提高小肌肉群精细动作控制能力。两脚前后分开站立，面向移动方向，将球放置在身体左侧两腿之间，双手握杆控球，做好出发前准备姿势。听到口令后，加速带球向前方跑动 10 米左右距离，速度中等。

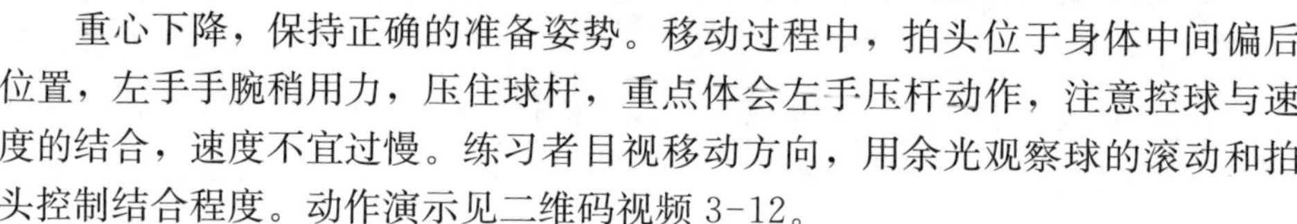

重心下降，保持正确的准备姿势。移动过程中，拍头位于身体中间偏后位置，左手手腕稍用力，压住球杆，重点体会左手压杆动作，注意控球与速度的结合，速度不宜过慢。练习者目视移动方向，用余光观察球的滚动和拍头控制结合程度。动作演示见二维码视频 3-12。

视频 3-12

易犯错误

a. 身体重心过高，脱离球杆直接控制范围
b. 球的位置过于靠前，导致控球动作变形，拍头容易失去对球的感知
c. 眼睛盯着球看，没有目视前方

(3) 20 米双手握杆直线运球往返冲刺：发展运动员在直线跑动过程中双手握杆运球能力，提高全身协调性，提高身体变向反应及加速冲刺能力。如图 3-1 所示，运动员在 1 号位两脚前后分开站立，面向移动方向，将球放置在身体左侧两腿之间，双手握杆控球，做好出发前准备姿势。听到口令后，加速带球向前方加速跑动 10 米左右距离，到达 2 号位。到达 2 号位后，将球停稳，迅速顺时针 360°转体回到运球前准备姿势，继续双手直线运球加速冲刺回到起点。

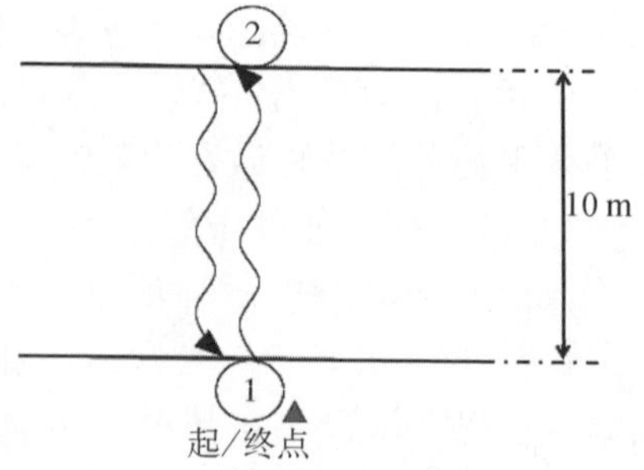

图 3-1　20 米双手握杆直线运球往返冲刺

跑动过程中，要全速进行冲刺，手腕压杆，保持对球的控制。不改变球的运动轨迹，在直线位置上停住球。身体急停，转体回到初始传球位时，注意步法的运用，一般先上右脚跨步制动，然后左脚后撤，转体后，两脚再上步前移。右手杆动作相反。全程目视前方，不可低头看球。

易犯错误

a. 身体重心过高，脱离球杆直接控制范围。

b. 转体时，球偏离直线运动轨迹。

c. 眼睛盯着球看，没有目视前方。

（4）20 米传接球直线运球加速跑：提高停球后运球加速的控球能力，发展小肌肉群精细控制能力，提高变向能力。如图 3-1 所示，两名球员相距 10 米，面对面站立，做好传接球的准备姿势。听到口令后，2 号位球员传球给1 号位球员。1 号位球员停球后，立即双手握杆运球冲刺 10 米，顺时针绕过2 号位球员后返回起点。

3. 移动运球急停变向练习

（1）原地绕障碍物 360°：提高拍头控球能力，熟悉球的运行轨迹，发展双手握杆控球精细动作能力。练习者双手持杆原地站立，在身体正前方 50 厘米摆放一个直径 10 厘米左右障碍物。练习者保持脚步不动，用正拍面顺时针绕障碍物运球至手腕无法转动为止。换反拍面继续运球，将球推送至起始位置，继续用正拍面运球。如此循环重复相同动作。

握在球杆下端的手放松，主要靠握在上端的手内旋，控制拍头方向。拍面始终保持对球的控制，不得离开球。确保球顺时针旋转，避免直线移动。换反拍面控球时，贴住球做交换动作。动作演示见二维码视频 3-13。

视频 3-13

易犯错误

a. 握在手柄下端的手完全握实，靠拧手腕来进行旋转

b. 拍面和球没有保持紧密接触，导致丢球

c. 正反拍面交换不流畅，动作脱节，没有形成衔接

（2）原地横向“8”字绕障碍物运球：提高拍头控球能力，熟悉球的运行轨迹，发展双手握杆控球精细动作能力，提高球变向移动控球能力。如图 3-2所示，练习者双手持球杆原地保持基本准备姿势，在身前 50 厘米左右平行摆放两个圆形扁平状障碍物，两个障碍物之间相距 20～30 厘米。开始后，练习者正拍面控球顺时针绕过第一个障碍物，至第二个障碍物下方时快

速换成反拍面继续逆时针运球绕过第二个障碍物。运球回到第一个障碍物正下方时，继续快速切换成正拍面顺时针运球绕过第一个障碍物。在指定时间内，重复相同动作。

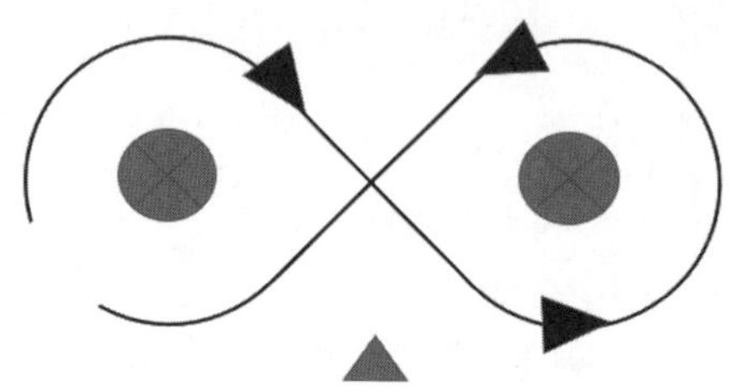

图 3-2　原地横向“8”字绕障碍物运球

视频 3-14

正反拍面切换时，动作要快，尽量贴着球。运球绕障碍物时必须走弧线，手腕发力，拍面和球保持密切接触。动作演示见二维码视频 3-14。

易犯错误

a. 拍面和球没有保持密切接触，导致球失控

b. 绕障碍物时，弧度不够，球和障碍物发生接触，导致动作变形

c. 动作不连贯，衔接度不够，导致动作脱节

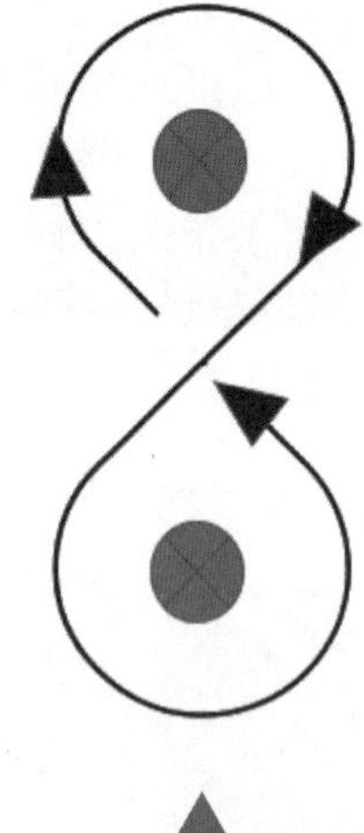

图 3-3　原地纵向“8”字绕障碍物运球

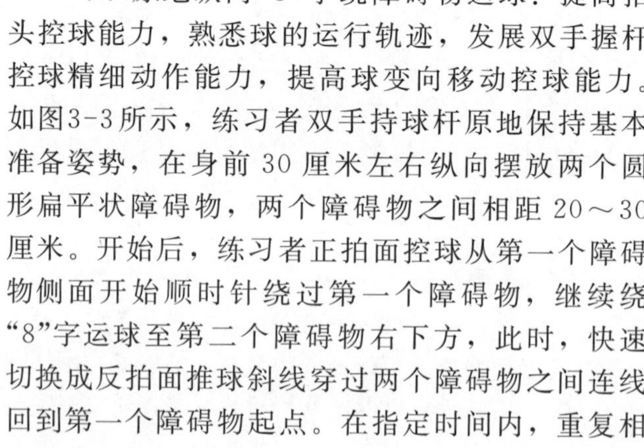

(3) 原地纵向“8”字绕障碍物运球：提高拍头控球能力，熟悉球的运行轨迹，发展双手握杆控球精细动作能力，提高球变向移动控球能力。如图3-3所示，练习者双手持球杆原地保持基本准备姿势，在身前 30 厘米左右纵向摆放两个圆形扁平状障碍物，两个障碍物之间相距 20～30 厘米。开始后，练习者正拍面控球从第一个障碍物侧面开始顺时针绕过第一个障碍物，继续绕“8”字运球至第二个障碍物右下方，此时，快速切换成反拍面推球斜线穿过两个障碍物之间连线回到第一个障碍物起点。在指定时间内，重复相同动作。

视频 3-15

正反拍面切换时，动作要快，尽量贴着球。运球绕障碍物时必须走弧线，手腕发力，拍面和球保持密切接触。动作演示见二维码视频 3-15。

易犯错误

a. 拍面和球没有保持密切接触，导致球失控

b. 绕障碍物时，弧度不够，球和障碍物发生接触，导致动作变形

c. 动作不连贯，衔接度不够，导致动作脱节

（4）运球上步 360°绕障碍物：发展弧形运球控球能力，提高动作协调性，提高手腕精细化控制能力。练习者双手握杆持球做好基本准备姿势，在体前 1 米处摆放一个直径 10 厘米左右的障碍物。听到口令后，练习者正手单拍面运球迈一步上前（左脚），靠近障碍物时，逐渐加速。顺时针 360°绕过障碍物后，迅速撤步将球拉回至起始位置，完成全部动作。在规定时间内，重复相同动作。

绕障碍物之前，直线运球上步，绕障碍物时速度要快。始终保持单拍面运球。拉球回撤速度快，同时拍头内旋停住球。动作演示见二维码视频 3-16。

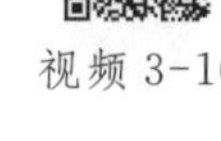
视频 3-16

（5）直线运球急停大回转：发展运球变向能力，提高身体、球杆、球三者之间的协调性，提高变向能力。练习者双手握杆持球做好运球准备姿势，面向移动方向。听到口令后，练习者保持直线运球至前方 5 米标志线处急停转身。转身同时，双手运球快速在外侧顺时针做大回转把球拉回。大回转动作完成后，面向起点，放松运球回到起点，完成整个动作。

移动过程中，保持对球的控制。急停转身时，右脚先撑地，左脚上步。转身回转时，运球速度大于转身速度，右手腕快速内旋，左手压杆内旋。目视前方，余光观察球。动作演示见二维码视频 3-17。

视频 3-17

（6）运球急停大回转往返：方法和动作要点同直线运球急停大回转，增加往返动作。

（7）正方形运球急停变向：提高运球急停变向能力，发展灵敏性和反应能力，提高手腕精细化控球能力。如图 3-4 所示，练习者双手握杆持球，在起点做好出发准备。听到口令后，练习者直线快速运球至 2 号标志点，迅速急停右转做 90°变向，转向 3 号标志点。继续向前直线运球 5 米到达 3 号标志点时，急停右转 90°，转向 4 号点位。练习者到达 4 号标志点时，重复相同动作，

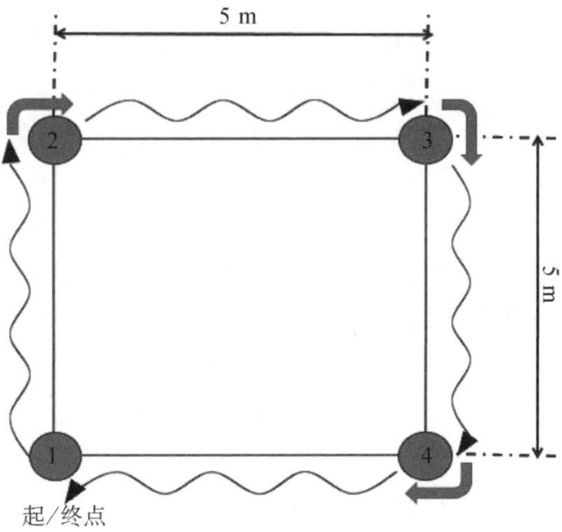

图 3-4　正方形运球急停变向

直至回到起点，完整动作结束。

全程保持直线运球，并保持拍面对球的控制。运球过程中，球位于身体偏后方，急停转向动作速率快。目视移动方向，余光观察球。

(8) 运球急停转向折返跑：发展球员体能，提高变向控球能力，提高身体协调性、灵敏性。如图 3-5 所示，练习者双手握杆持球，在起点做好出发准备。听到口令后，练习者直线运球加速冲刺到 2 号标志点，然后迅速急停做顺时针方向大回转，加速运球回到起点 1 号位。到达起点后，球不必做大回转，保持直线停球，身体迅速急停回转面向移动方向，脚步触及标志线后，重复第一步动作，直线运球前往 3 号标志点，再运球大回转再回到起点。4 号及 5 号标志重复相同动作。绕过 5 号标志线后，加速运球冲刺通过起点标志线后，动作结束。

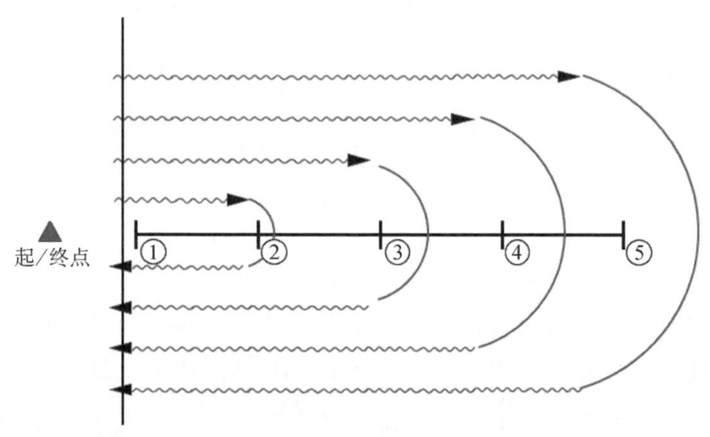

图 3-5　运球急停转向折返跑

全程保持直线运球，并保持拍面对球的控制。运球过程中，球位于身体偏后方，急停转向动作速率快。目视移动方向，余光观察球。

(9) 正手拍面“Z”形移动运球：提高运球变向控球能力，提高手腕精细操作球杆能力，发展身体协调性。场地上每隔 1 米直线摆放一个障碍物，共放置 8 个障碍物，练习者持球站在障碍一侧，面向移动方向做好出发准备。听到口令后，练习者左脚迈步跨上前，同时在障碍物后方正手拍面进行横向弧线运球。完成上前横向运球动作后，迅速单拍面将球拉回，再回到原位，形成“Z”形运动轨迹。控好球后继续向前移动，经过第二个障碍物时完成相同动作。重复相同动作，直至经过最后一个障碍物，练习结束。

视频 3-18

移动过程中，始终保持正手单拍面运球。“Z”形运球速度快，拉球动作迅速。目视移动方向，余光看球。动作演示见二维码视频 3-18。

易犯错误

a. 没有上步，运球路线不清晰

b. 拉球速度太慢，弧度不够，失去对球的控制

c. 眼睛只盯住球，没有目视移动方向

4. 移动挑高球绕障碍物练习

（1）原地对墙抛接球：提高使用球杆挑球的能力，发展对来球落点的准确判断能力。原地基本姿势站立，将球放置在身前，拍头反面压住球，离开墙面 2 米左右距离。听到口令后，迅速将球挑向墙面指定位置。在球从墙面反弹回来落地前接住球。将球放置在地面，重复挑球动作。

挑球前需用反拍面压住球并做下拉动作，并迅速将拍头正面朝上放置在地面上。球滚上拍面后，迅速将球挑起，抛向预定目标。左、右手相互协调配合，左手主要负责发力，右手负责控制方向。动作演示见二维码视频 3-19。

视频 3-19

易犯错误

a. 挑球前没有下压拉杆动作，直接进行挑球

b. 抛球力度过大或过小，导致无法将球抛向预定目标

c. 眼睛只盯着球，没有目视抛球方向

（2）双人挑球抛接球练习：发展挑球能力，提高身体小肌肉群协调配合能力，提高反应能力。两名练习者手持球杆，分别将球杆放在身体正前方，面对面相距 1 米左右距离站立，其中一人持球。听到口令后，持球练习者用球杆将球挑向对面搭档。搭档用球拍正面停球并将球放置在地面。球停稳之后，接球者继续将球挑向队友，不断重复相同动作。

挑球前需用反拍面压住球并做下拉动作，并迅速将拍头正面朝上放置在地面上。接球后，将球停稳，然后迅速将球挑起，抛向预定目标。左、右手相互协调配合，左手主要负责发力，右手负责控制方向。动作演示见二维码视频 3-20。

视频 3-20

易犯错误

a. 挑球前没有下压拉杆动作，球没有滚上拍面，直接进行挑球，导致挑球失败

b. 抛球力度过大或过小，无法将球抛向预定目标

c. 眼睛只盯着球，没有目视队友位置

（3）移动挑高球过挡板练习：发展移动中挑高球能力，提高落地后控球能力，发展灵敏性和协调性，提高反应能力。总距离为 10 米，每隔两米放置一块挡板，起点不设挡板。听到口令后，练习者运球出发，即将抵达第一块挡板时，使用球杆将球挑高越过挡板，然后跳过挡板控制住球继续往前运球。在到达第二块挡板之前，重复前面的挑高球过挡板动作和跳跃挡板接球动作。重复相同动作直至挑过第四块挡板并控制住球后，练习结束。

先挑球过挡板，再跳起越过挡板，完成控球。合理控制挑球的高度和远度，以正好越过挡板、落地后能方便控制住球为原则。目视移动方向，不可只盯住球。双手握杆，身体、球杆和球协调配合，动作不可分开。一次挑球没能完成时，可控制好球继续完成挑球动作。

易犯错误

a. 运球速度过快，无法形成正确挑球
b. 挑球过高或过远，失去对球的控制
c. 挑球过挡板和身体跳跃过挡板脱节，动作不协调
d. 全程只关注球的运动，没有目视移动方向

（4）移动停球＋挑球入筐：提高移动中合理处理球的能力，发展全身协调性，提高移动中挑球能力和反应能力。如图 3-6 所示，球员在起点做好移动接球准备姿势。教练员朝球员身前 1 米左右传球，练习者移动上前停球。停好球后，练习者运球直线移动 1 米左右，在挑球线附近将球挑进 2 米远处的球筐。完成挑球动作后，后撤步回到起点，准备下一个停球。重复相同动作。

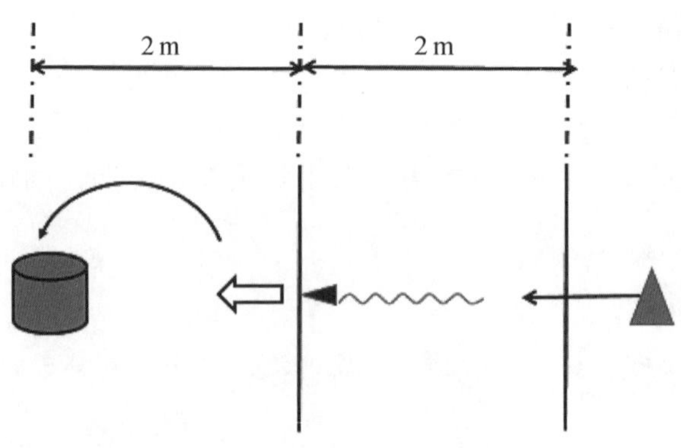

图 3-6　移动停球＋挑球入筐

易犯错误

a. 原地站立等球，没有在移动中接球

b. 接球动作太大，导致丢球

c. 挑球前，手腕压杆动作缺失，或挑球力度控制不佳，导致挑球失败

5. 移动运球绕障碍物练习

(1) 直线运球绕障碍物：提高运动中控球能力，提高运球变向移动能力，发展身体协调性和灵敏性以及反应能力。如图 3-7 所示，从起点开始，每隔 2 米放置一个障碍物，总共放置 8 个，起点除外，总距离为 16 米。听到口令后，双手握杆运球出发，加速移动，连人带球绕过第一个障碍物时用正拍运球，绕第二个障碍物时换反拍面运球，以此类推直至绕过每一个障碍物。目视运球方向，余光看球。

全程保持双手握杆，身体正对移动方向，球位于身体前方。绕障碍物时，连人带球一起绕过。正反拍面变换变向时，拍面和球尽量保持接触。目视移动方向，余光观察球。

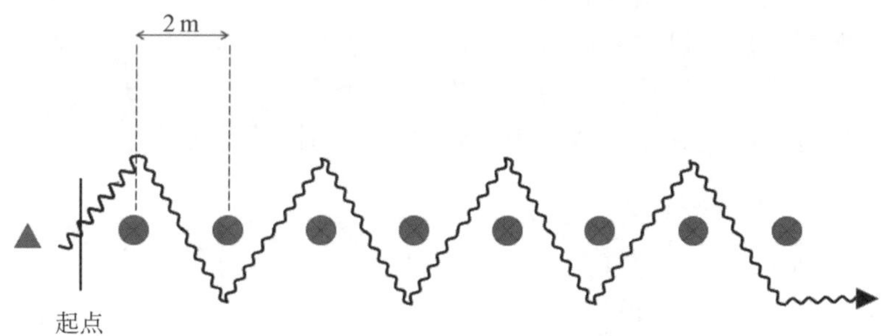

图 3-7　直线运球绕障碍物

易犯错误

a. 运球时速度过慢，失去变向控球效果

b. 运球变向时，出现单手持杆动作

c. 眼睛只盯住球，没有目视前方

(2) 双人交叉运球绕障碍物：提高复杂环境下控球能力，提高反应能力，发展身体灵敏性。如图 3-8 所示，左手持杆和右手持杆两名球员相隔 1 米分别站在起点线两侧，从起点开始，每隔 2 米放置一个障碍物，总共放置 8 个，起点除外，总距离为 16 米。听到口令后，两名球员分别从左右两侧开始运球绕障碍物，在绕第一个障碍物之间交叉相遇时，保持一前一后运球

状态，进行交叉换位。绕第二个障碍物前，继续进行交叉换位，重复相同动作，直至绕过最后一个障碍物。

运球交叉换位时，注意先后顺序与位置，不能发生碰撞。运球全过程保持双手握杆，变向时改变拍面。目视移动方向，及时观察队友移动位置，余光看球。

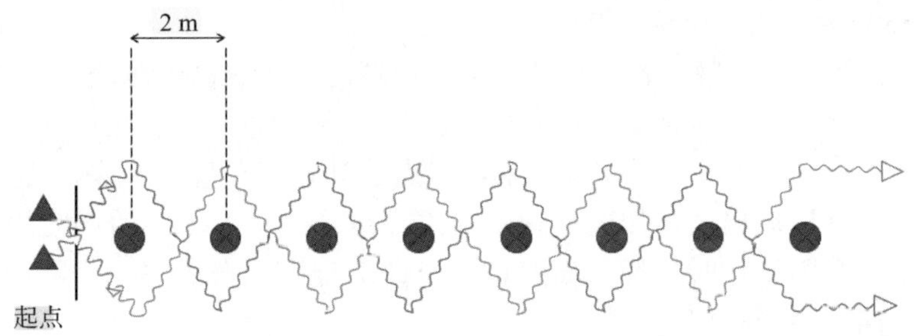

图 3-8　双人交叉运球绕障碍物

(3) 大“L”形移动运球绕障碍物：提高运动中控球能力，提高运球变向移动能力，发展身体协调性和灵敏性以及反应能力。如图 3-9 所示，在场地中沿着挡板到底线并过球门后方，每隔 1 米摆放一个障碍物，成大“L”形。练习者在中场边线争球点持球准备，听到口令后，练习者运球出发，快速绕过每一个障碍物，直到完成所有障碍物。重复同样的练习。

图 3-9　大“L”形移动运球绕障碍物

全程保持双手握杆，身体正对移动方向，球位于身体前方。绕障碍物时，连人带球一起绕过。正反拍面变换变向时，拍面和球尽量保持接触。目视移动方向，余光观察球。

变化应用：在球门后方运球时，可以将直线摆放的障碍物改成“Z”形，增加运球难度。在球门后方运球时，可以改成后撤步移动运球绕障碍物。

（4）双人干扰移动传接球绕障碍物：提高复杂环境下移动运球能力，发展身体灵敏性和反应能力，提高控球能力。如图 3-10 所示，两名练习者 A、B 分别持球站在起点，每个障碍物相距 2 米成“Z”形摆放。听到口令后，A 运球绕障碍物移动，同时 B 直线运球朝正前方移动，两人每次在两个障碍物中点相遇。保持相同频率和速度，通过所有障碍物。

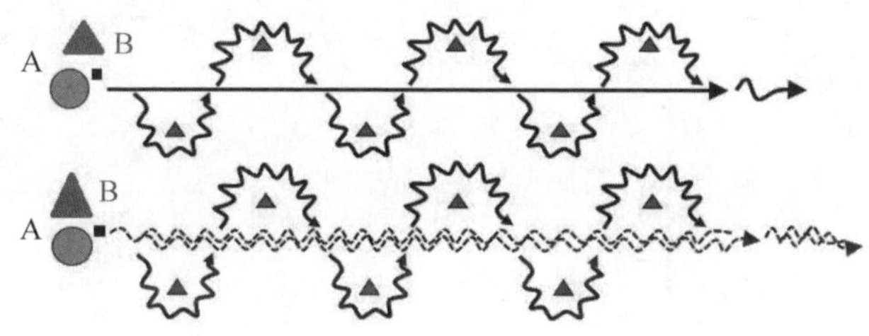

图 3-10　双人干扰移动传接球绕障碍物

运球时，两人必须保持一定的速度，并保持同频率，可以在交错时做出变化，即第一次交错时曲线移动的 A 在 B 身后，第二次则在 B 身前，如此反复练习。动作熟练后，用最快的运球速度完成此练习。移动时保持对队友动向的观察，不可只盯住球。

变化应用：直线移动的球员可以改为后撤步移动。曲线移动的球员改为后撤步运球移动。

6. 移动传接球练习

（1）单人原地传接球练习：提高传球精准度、停球的精确度，提高反应能力。在练习者正前方 2～5 米处放置专用弹回装置。练习者做好传接球准备，听到口令后，练习者传球给弹回器，接反弹球后，继续进行传球。重复传接球动作。

传球时，拍头略微倾斜，手腕压杆，传地滚球。目视传球方向，控制好球速。可以调整传接球的距离，使用不同的传球方法。动作演示见二维码视频 3-21。

视频 3-21

（2）双人原地传接球练习：提高传球精准度、停球的精确度，提高反应能力，发展传接球实际运用能力。如图 3-11 所示，两位练习者面对面相距 5～10 米站立，做好传、接球准备。听到口令后，两名练习者相互之间进行传接球。

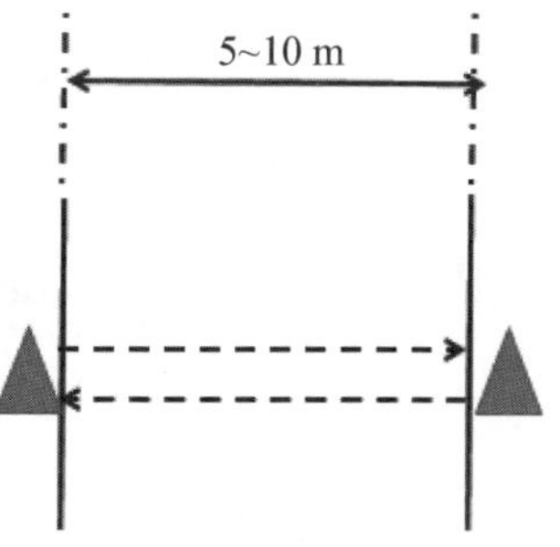

图 3-11　双人原地传接球

保持正确的传接球姿势，注意手腕压杆，拍头下压刮地，传地滚球。目视传球方向，余光看球，重复相同练习。

（3）双人同向移动传接球：提高移动中传、

接球能力，发展身体灵敏性和反应能力。如图 3-12 所示，两位练习者面对面相距 5 米站立，做好传、接球准备。持球球员 A 传球给搭档 B 后向前移动 2 米，同时接球球员 B 向后退 2 米接球。球员 B 在移动过程中接球，并继续将球回传向前移动的球员 A。双方保持同等距离移动，同时完成传、接球练习，直至场地受限，无法完成传、接球动作为止。

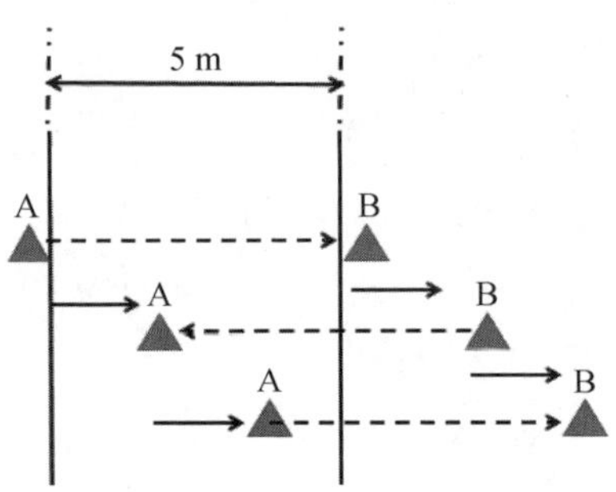

图 3-12　双人同向移动传接球

移动过程中保持正确的传接球姿势，重心下移，不得停顿。传球时注意手腕压杆，传地滚球。停球时，选用缓冲式停球法控制球。目视传球方向，传接球时余光观察球。

（4）双人接近移动传接球：提高移动中传、接球能力，提高不同距离传、接球适应能力，发展身体灵敏性和反应能力。如图 3-13 所示，两位练习者面对面相距 15 米站立，做好传、接球准备。持球球员 A 传球给搭档后向前移动 2 米，同时接球球员 B 向前移动同等距离准备接球。球员 B 在移动过程中接球，并继续将球回传向前移动的球员 A。传接球的同时，双方不断接近，同时完成传、接球练习，直至相距 1 米以内，无法完成传、接球动作为止。

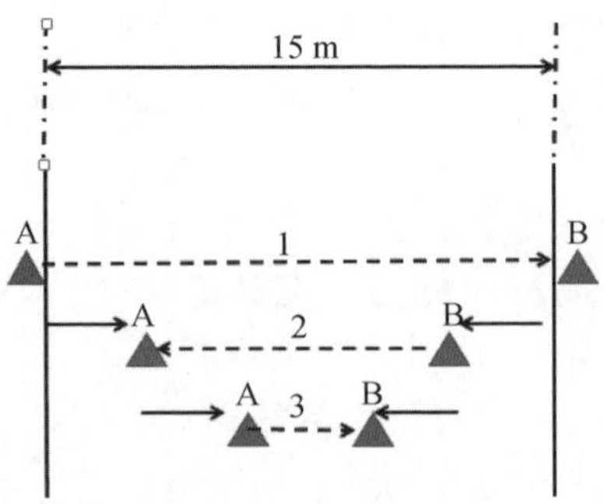

图 3-13　双人接近移动传接球

移动过程中保持正确的传接球姿势，重心下移，不得停顿。传球时注意手腕压杆，传地滚球。停球时，选用缓冲式停球法控制球。目视传球方向，传接球时余光观察球。根据不同距离选择传球的力度。

(5) 双人远离移动传接球：提高移动中传、接球能力，提高不同距离传、接球适应能力，发展身体灵敏性和反应能力。如图 3-14 所示，两位练习者面对面相距 1 米站立，做好传、接球准备。持球球员 A 传球给搭档后向后撤步移动 2 米，同时接球球员 B 向后移动同等距离准备接球。球员 B 在移动过程中接球，并继续将球回传向后移动的球员 A。传接球的同时，双方不断远离，同时完成传、接球练习，直至可传球最大距离为止。

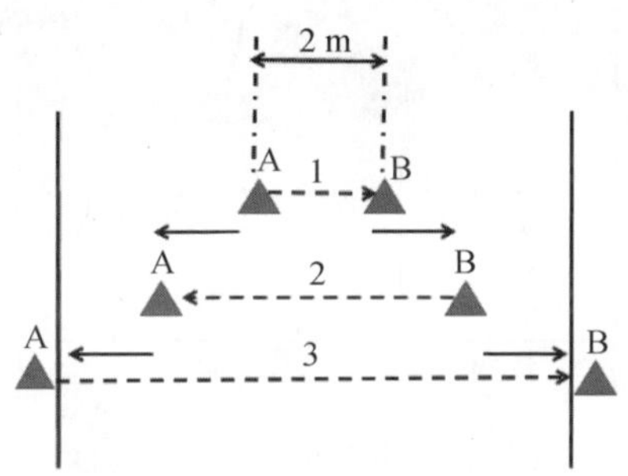

图 3-14　双人远离移动传接球

移动过程中保持正确的传接球姿势，重心下移，不得停顿。传球时注意手腕压杆，传地滚球。停球时，选用缓冲式停球法控制球。目视传球方向，传接球时余光观察球。根据不同距离选择传球的力度。

(6)“伸缩梯”移动传接球：发展移动中传、接球能力，提高运球移动传球能力，发展灵敏性和反应能力。如图 3-15 线路所示，两名球员相距 5 米做好传、接球准备。2 号球员传球给 1 号球员后，转身跑向身后 5 米左右标志线位置。1 号球员接球后，迅速运球移动至 2 号球员初始位置，到位后将球传给跑到位的 2 号球员。1 号球员传球后，转身原路跑回初始位置，2 号球员运球回到原位继续传球给 1 号，如此完成一个完整动作。重复相同动作，直至力竭。

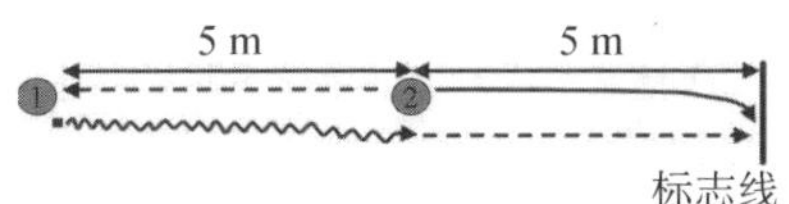

图 3-15　“伸缩梯”移动传接球

保持传、接球动作规范，传地滚球。跑动过程中，余光观察队友，传球球员掌握好传球时机，控制好传球力度，确保和队友的跑位配合一致。目视传球方向，余光观察球。

(7) 单人往返移动传接球：提高移动转身传接球能力，发展身体协调性，提高传球时机把握能力，提高反应能力。如图 3-16 所示：1 号球员和 3 号球员相距 15 米站立，2 号球员站在两名球员中点，并预留 5 米移动距离，做好传接球准备，1 号和 2 号球员分别准备一个球。听到口令后，1 号球员将球传给 2 号球员，同时 2 号球员迅速面向 1 号球员移动上前接球，在标志线之间接球后随即将球回传给 1 号球员。2 号球员将球回传给 1 号球员后，迅速 180°转身跑向 3 号球员，并在标志线前接住球将球快速回传给 3 号球员。2 号球员进行折返跑，重复相同的传接球动作，直至教练员鸣哨换人。

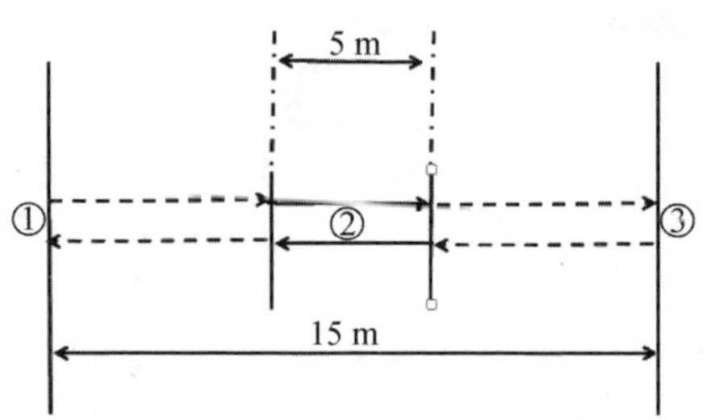

图 3-16　单人往返移动传接球

1 号和 3 号球员原地不动，关注 2 号跑位，及时进行传球，传地滚球。2 号球员迅速转身，停球后迅速回传，目视传球方向。跑动要加速，提高急速状态下的传接球能力。

(8) 平行移动传接球：提高复杂情况下传接球能力，提高身体爆发力，发展身体协调性，提高反应能力。如图 3-17 所示：1 号球员和 2 号球员相距 5 米，面向 3 号球员站立，3 号球员距离 1 号 5 米做好传接球准备。听到口令后，1 号球员将球传给 2 号球员，同时 3 号球员沿着 1 号和 2 号之间的平行线快速跑向 2 号位的垂直线准备接 2 号球员的传球。2 号传球给到位的 3 号球员，3 号球员迅速将球回传给 2 号，然后跑回起点，同时 2 号接球后迅速将球回传给 1 号。1 号球员将球回传给回到初始位置的 3 号，3 号接球后迅速将

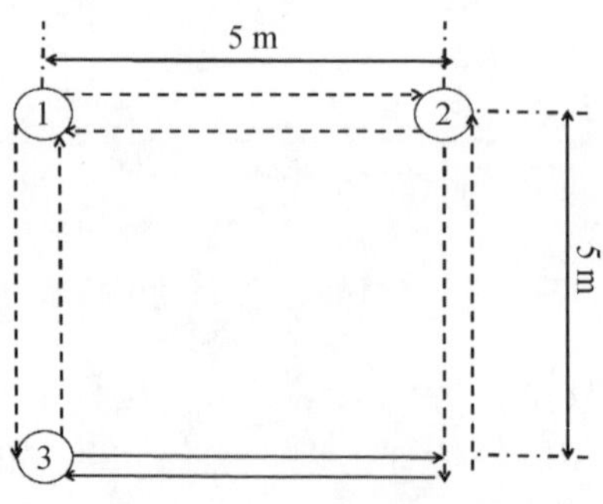

图 3-17　平行移动传接球

球回传给 1 号球员，如此循环反复，重复相同的动作，直至教练员鸣哨换人。

1 号球员和 2 号球员保持原地不动，相互之间的传球速度要快。3 号球员加速冲刺，在队友传球到位的瞬间接住球并迅速回传。注意接球的稳定性，传球的精准度，确保准确性。移动过程中目视传接球方向。

（9）三人往返传接球：提高移动传接球能力，发展身体协调性，提高传球时机把握能力，提高反应能力。如图 3-18 所示，球员相距 5～8 米，其中 1 号和 3 号球员一组，2 号一组，1 号拿球做好传球准备。听到口令后，1 号球员传球给 2 号，然后迅速跑向 2 号球员所处位置。2 号球员接球后，迅速传球给 3 号球员，然后跑向 3 号球员所处位置。3 号球员接球后，迅速将球传给已经跑到位的 2 号球员，依此类推，循环重复相同动作。

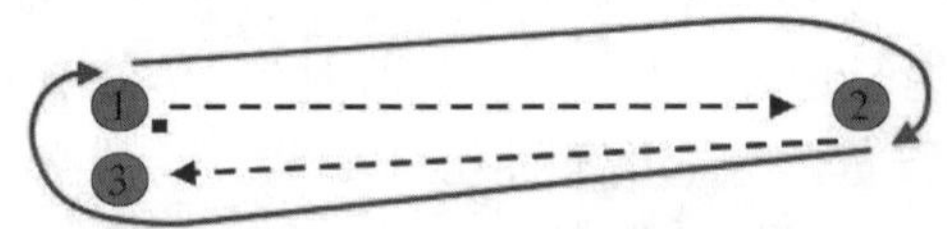

图 3-18　三人往返传接球

到位后，始终保持传接球姿势，做好接球准备。跑动中传接球，不可站在原地等球，跑动迅速，时机掌握恰当，做到球到人到。跑动时，余光观察其他两位队友的位置和传球意图。目视传球方向，尽量传地滚球。

（10）三人途中接力传接球：提高跑位和移动传接球能力，发展身体协调性，提高传球时机把握能力，提高反应能力。如图 3-19 所示，球员相距 15 米，其中 1 号和 3 号球员一组，2 号一组，面对面站立，1 号拿球做好传球准备。听到口令后，1 号球员传球给 2 号球员，同时从左侧斜线跑向 2 号球员位置，途中接 2 号球员的回传球。2 号球员将球回传给移动途中的 1 号球员的同时，迅速从自己左侧斜线跑向 3 号球员，并在途中接 1 号球员的斜线回传球，随即迅速又将球传给 3 号球员，继续向前移动，1 号球员做好两次传球后跑到 2 号球员位置。3 号球员接球后将球回传给移动过程中的 2 号球员，重复 1 号球员的动作，从左侧斜线跑向 2 号球员初始位置，途中再接 2 号球员的传球，并将球传给已经在 2 号位的 1 号球员，2 号则跑向 3 号球员初始位置，如此循环反复，重复之前的动作。

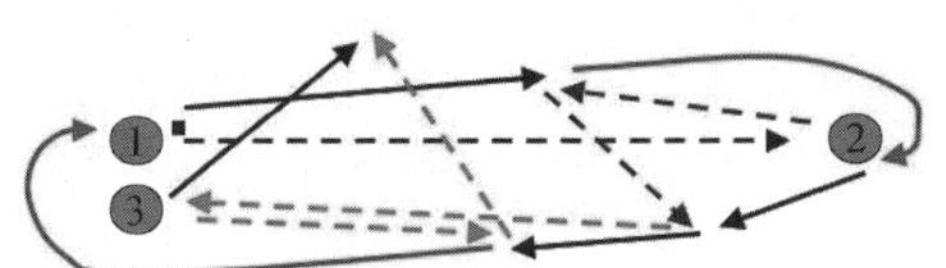

图 3-19　三人途中接力传接球

熟悉跑动路线，从两侧斜向移动，每个球员在途中要进行两次传接球，并始终保持移动状态。精神高度集中，观察队友跑动位置，把握传球时机，接球后立即进行传球，可稍做调整，但不得运球移动。目视传球方向，传地滚球。

（11）三人途中接力多次传接球：提高复杂情况下传接球质量，提高跑位和移动传接球能力，发展身体协调性，提高传球时机把握能力，提高反应能力。如图 3-20 所示，球员相距 15 米，其中 1 号和 3 号球员一组，2 号一组，面对面站立，1 号拿球做好传球准备。听到口令后，1 号球员传球给 2 号球员，同时从右侧斜线跑向 2 号球员位置，途中（接近 2 号球员）接 2 号球员的回传球，接球后迅速将球回传给 2 号球员，回传球后，继续绕 2 号球员跑到另一侧准备接球。2 号球员在 1 号球员传球后继续跑动途中，保持原始位置不动，迅速将球传给 3 号球员，3 号球员继续回传给 2 号，2 号球员再次回传给 3 号。1 号球员跑至 2 号球员下面接 3 号球员的传球并迅速回传给 3 号，然后回到起始位置站在 3 号球员身后，完整过程结束。3 号球员重复 1 号球员动作，如此循环反复。

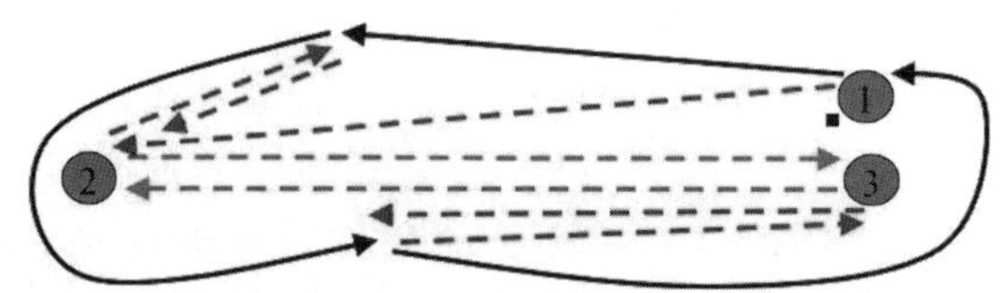

图 3-20　三人途中接力多次传接球

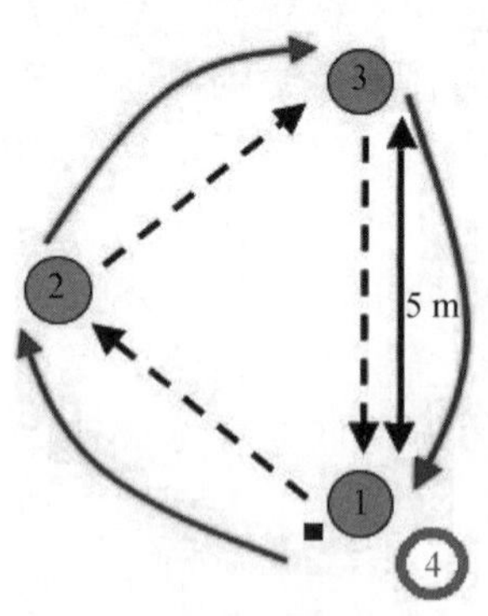

图 3-21　三角移动传接球

练习前先熟悉传球路线及跑动路线，确保动作衔接。2 号球员与 3 号之间进行两次传接球。

（12）三角移动传接球：提高不同路线传接球能力，提高移动传接球能力，发展身体协调性，提高传球时机把握能力，提高反应能力。如图 3-21 所示，球员分别相距 5 米，呈等边三角形站立，做好传接球准备，其中 1 号和 4 号球员为一组，1 号球员拿球。听到口令后，1 号球员传球给 2 号，同时，迅速跑向 2 号位。2 号球员接球后，立即将球传给 3 号球员并迅速跑向 3 号位。3 号球员接球后，立即将球传给 4 号球员并迅速跑向 4 号位。如此循环反复，重复相同的练习。

始终保持传接球的准备姿势，接球后迅速传球，并快速移动至传球位置。移动中注意调整身位，使得身体及时面向传球方向。目视传球方向，体会压杆动作，传地滚球。

(13) 正方形传接球：提高不同情况下传接球能力，提高不同路线传球能力，发展身体协调性，提高传球时机把握能力，提高反应能力。如图 3-22 所示：球员分别相距 5 米，呈正方形站立，做好传接球准备，其中 1 号和 5 号球员为一组，1 号球员拿球。听到口令后，1 号球员传球给 2 号，同时，迅速跑向 2 号位。2 号球员接球后，立即将球传给 3 号球员并迅速跑向 3 号位。3 号球员接球后，立即将球传给 4 号球员并迅速跑向 4 号位。4 号球员接球后，立即将球传给 5 号球员并迅速跑向 5 号位。如此循环反复，重复相同的练习。

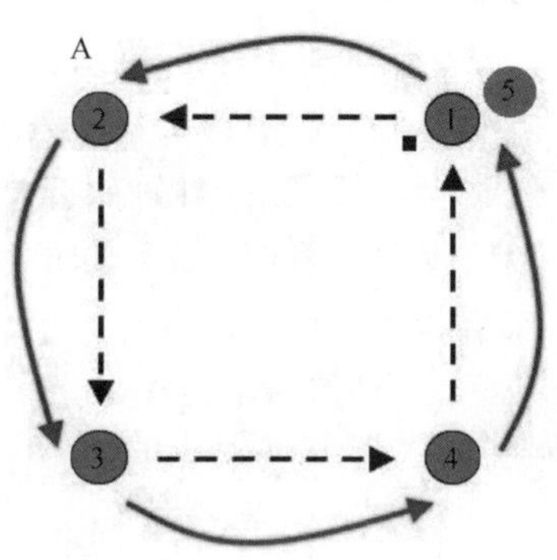

图 3-22　正方形传接球

始终保持传接球的准备姿势，接球后迅速传球，并快速移动至传球位置。移动中注意调整身位，使得身体及时面向传球方向。目视传球方向，体会压杆动作，传地滚球。

(14)“骰子”形传接球：提高不同情况下传接球能力，提高转身传接球能力，发展身体协调性，提高传球时机把握能力，提高反应能力。如图 3-23 所示，球员分别相距 5 米呈“骰子”形站位，1 号和 4 号球员拿球做好传接球准备。听到口令后，1 号球员传球给 2 号，2 号传球给 5 号，5 号回传给 1 号。5 号传球给 1 号后，迅速转身接 4 号传球，接球后再传给 3 号，3 号再传给4 号球员，如此循环反复。教练指示后，按照 1 换 2，2 换 3，3 换 4，4 换 5 的顺序进行换位。

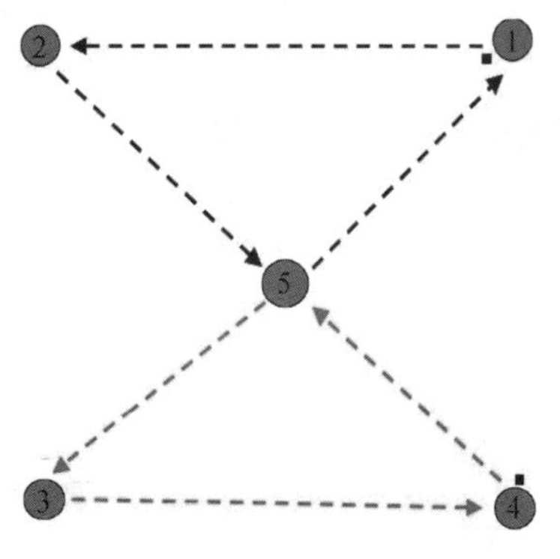

图 3-23　“骰子”形传接球

所有球员注意力高度集中，4 号球员注意传球时机，不得提前传球。中间做转身传接球的球员动作要迅速，动作流畅连贯。目视传接球方向，尽量传地滚球。

（15）“米”字传接球：发挥精准传接球能力，提高复杂情况下判断和分析能力，发展身体灵敏性和反应能力。如图 3-24 所示，八人一组呈“米”字位站立，每人一球做好传球准备。听到口令后，1 号球员开始传球给 2 号，然后跑向 5 号位。5 号球员传球给 6 号，然后跑向 1 号位。同时，2 号球员传球给 3 号，6 号传球给 7 号，然后 2 号和 6 号互相换位。同时，3 号传球给 4 号，7 号传球给 8 号，然后 3 号和 7 号互相换位。4 号传球给 5 号，8 号传球给 1 号，4 号和 8 号互相换位。如此循环反复，不断进行练习。

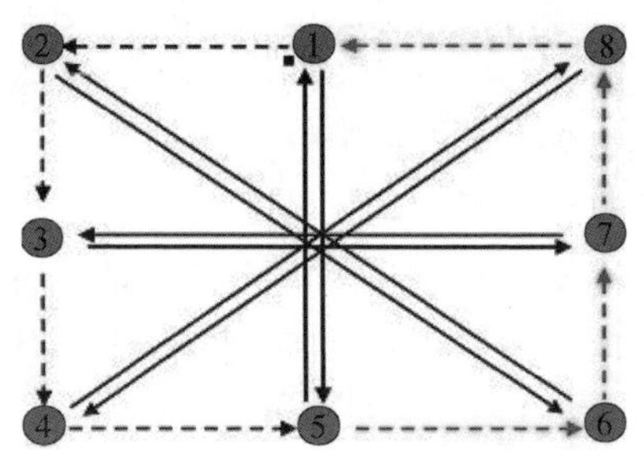

图 3-24 “米”字传接球

所有球员必须在同一时间内进行传球，根据不同距离选择传球的速度和力度。球员呈对角线方式进行跑位换位，传球按逆时针方向传给相邻的球员。目视移动方向，尽量传地滚球，可以同时改变传球方向。

（16）正方形斜线移动传接球：提高移动传接球能力，发展不同传球路线精准传球能力，发展灵敏性和反应能力。如图 3-25 所示，四组球员分别站在边长为 10 米的正方形四角，每组不少于两人，其中 B 组和 C 组球员在球门后方，模拟比赛场景进行传接球。听到口令后，1 号球员传球给 2 号然后跑向 B 组队伍后方，2 号球员接球后将球传给 3 号球员，然后跑向 D 组后方，3

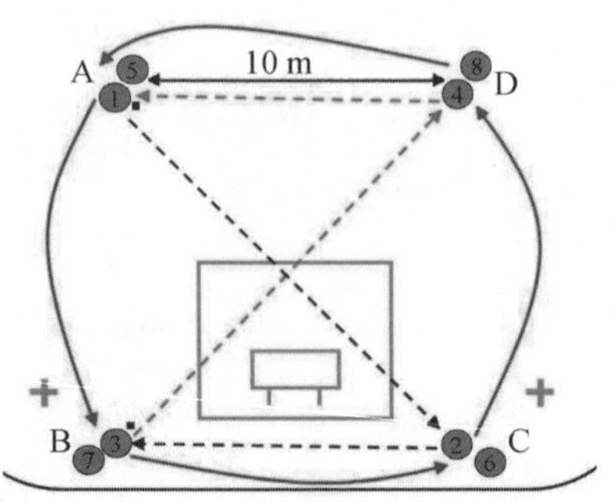

图 3-25 正方形斜线移动传接球

号球员接球后，传球给 4 号球员，然后跑向 C 组后方，4 号球员接球后传球给 A 组 5 号球员并跑向 A 组队伍后方。如此循环往复，重复相同的动作。

始终保持传接球的准备姿势，接球后迅速传球，并快速跑动到预定位置。传球后从外侧进行移动，注意不要影响队友的传接球。目视传球方向，体会压杆动作，尽量传地滚球。

（17）抢断球练习：提高运动员在模拟比赛环境中传接球能力，提高运动员灵敏性和反应能力。如图 3-26 所示，五名球员分散呈半径为 3 米左右的圆形站位，另外一名球员站在圆圈中间做抢断球准备，其他球员做好相互传球的准备。听到口令后，5 号球员传球给 3 号或其他任何 3 位球员，中间球员进行抢断，如果抢断成功，则该球员替换传球的球员。如果没有抢断成功，则外围球员继续进行传球，直至被中断。

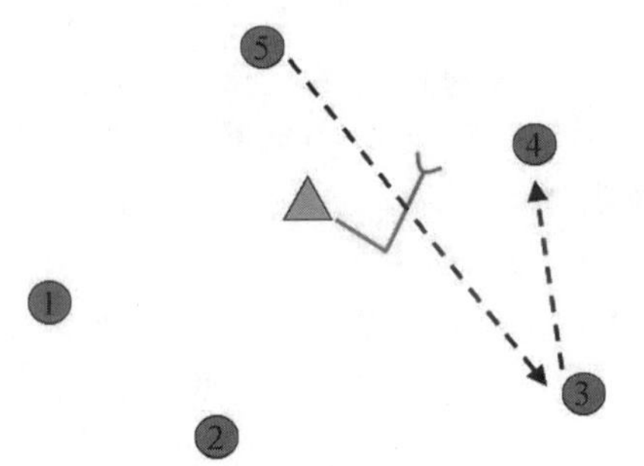

图 3-26　抢断球练习

外围传接球球员不得移动，站在原地进行传接球。所有球员精神集中，拍头放在地上做好传接球准备。

（18）“9”字移动传接球：提高不同情况下传接球能力，提高转身传接球能力，提高正反拍面传接球能力，发展身体协调性，提高传球时机把握能力，提高反应能力。如图 3-27 所示，以标准场地守门员区域为主要参考，三名球

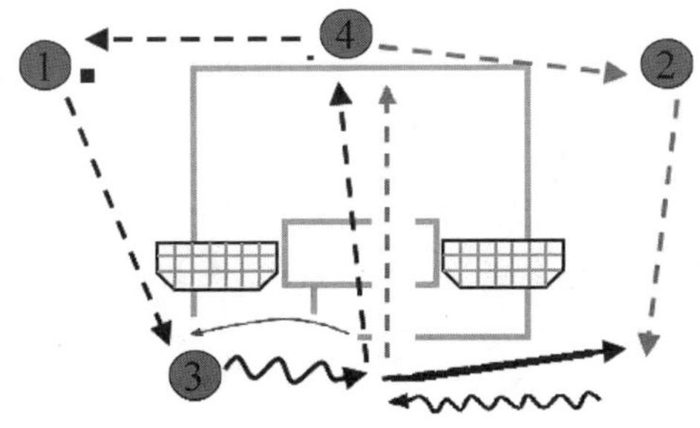

图 3-27　“9”字移动传接球

员站在守门员区域前方，相互距离 4 米左右。在门将区两边分别摆放两个小球门，一名球员站在守门员区域下方准备接球。听到口令后，1 号球员传球给 3 号，3 号接球后运球移动几米传球给 4 号，传球结束继续往前加速。与此同时，4 号球员将球传给 2 号，2 号再传给跑到位的 3 号球员。3 号接球后转身运球回到门将区后方把球回传给 4 号球员，继续往前冲刺回到起始位置，4 号接球后传球给 1 号，1 号再将球传给到位的 3 号球员，完整过程结束。

练习前先熟悉传球路线及跑动路线，确保动作衔接。全体球员必须全神贯注，观察移动跑位传接球球员的位置，掌握好传球时机。传球过程中如果是在反拍位置，可以用反拍面直接进行传球。

（19）交叉换位移动传接球：提高不同情况下不停球传接球能力，提高转身传接球能力，发展身体协调性，提高传球时机把握能力，提高反应能力。如图 3-28 所示，1、2、3、4 号球员持球分别站在长 6 米、宽 4 米的矩形四角，5 号球员站在矩形中央大约长 3 米、宽 2 米的小矩形的一角，做好移动传接球准备。听到口令后，1 号球员传球给 5 号，5 号不停球直接将球回传给 1 号球员迎面向 3 号球员冲刺 2 米，同时 3 号球员迅速将球传给 5 号，5 号同样不停球将球回传给 3 号，然后斜线跑向对角接 2 号球员传球，接球后同样不停球回传，转身冲向 4 号球员并接传球。完成四个位置的接传球动作后再回到出发位置，重复相同练习，直至教练员鸣哨换位。

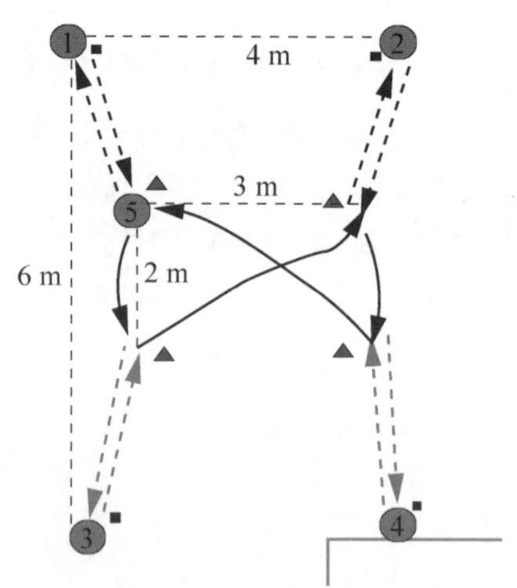

图 3-28　交叉换位移动传接球

把握传接球时机，跑动积极。整个过程不停球，接球后直接回传。目视传球方向，可以用正反拍面传球。

（20）菱形移动传接球：提高不同情况下传接球能力，发展身体协调性，提高传球时机把握能力，提高反应能力。如图 3-29 所示，四名球员持球呈菱形站位，球员之间相距 4 米。听到口令后，四名球员同时运球向其方另一个球员位置进行移动，移动至半途时，同时将球传向前方跑动中的球员，并完成接球动作。四名球员接球后继续运球向前方球员位置移动，恢复到初始状态。如此循环往返，重复相同的动作。

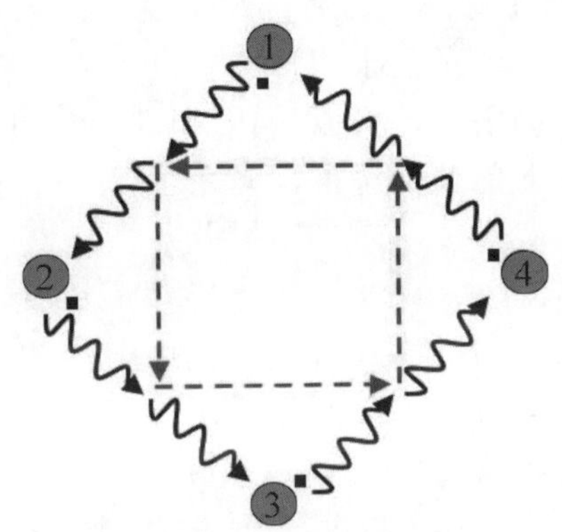

图 3-29　菱形移动传接球

球员移动时，保持同一个方向，同时逆时针或顺时针方向移动。注意传球的时机，保持稳定的跑动速度，确保传接球到位。目视移动方向，传球至队友球拍拍头放置位置。

7. 360°运球移动练习

“Z”形移动 360°绕障碍物练习：提高运球 360°转体能力，提高平衡能力，发展灵敏性素质。如图 3-30 所示，练习者持球在 1 号起点准备，四个障碍物分别相距 5 米成“Z”形摆放。听到口令后，练习者先运球原地绕 1 号障

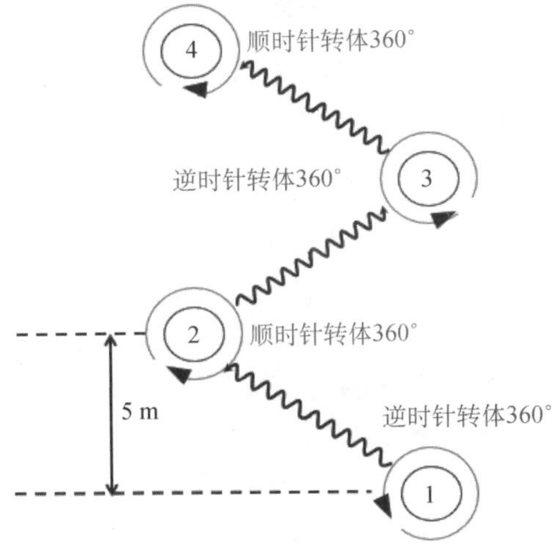

图 3-30　“Z”形移动 360°绕障碍物

碍物逆时针转体360°，然后运球移动到2号障碍物，运球绕2号顺时针转360°。出2号障碍物后，继续运球移动到3号障碍物，逆时针运球绕3号360°，再运球到4号点位，顺时针运球转体，完整练习结束。

逆时针和顺时针转体分别使用反手位和正手位交替进行，转圈幅度小。正手位运球转圈时，球在身体中、后部位，反手位运球转圈，球在身体中、前部位。目视移动方向，余光看球。

变化应用：改变移动路线，可以采用“L”形、正方形、三角形等多种方式进行。采用接球后上前移动绕桩，绕完之后，再继续进行传接球，重复相同的动作。

8. 移动中射门练习

（1）直线运球移动射门：提高直线移动中射门能力，发展身体协调性，提高射门力度和精准度。距离球门8米、10米、12米、14米、16米位置分别设置标志点，球员从距离球门20米持球做好运球出发准备。听到口令后，练习者运球从起点出发在不同标志点进行射门。每个点位不少于10次射门。

射门时目视球门方向，尽量将球射入球门。可以选择不同的射门方法，但主要以拖射为主。射门时注意正确的射门动作。

（2）直线运球移动绕障碍物射门：提高移动中绕障碍物射门能力，提高控球能力，发展身体反应能力。如图3-31所示，练习者持球在球门11米处准备，离球门8米处摆放一个障碍物。听到口令后，练习者运球移动3米，绕过障碍物后射门。

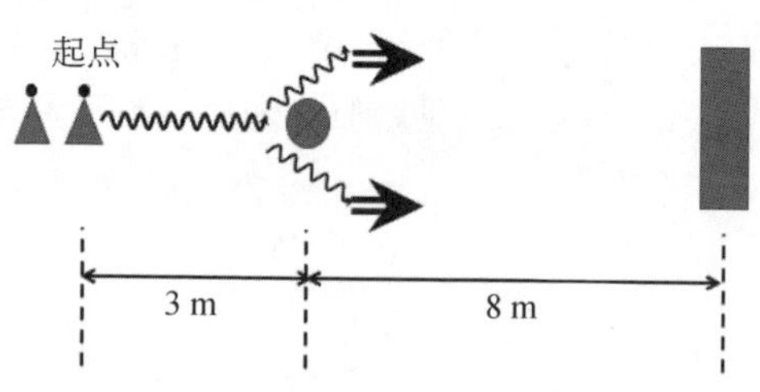

图3-31　直线运球移动绕障碍物射门

移动运球时，直线加速跑动，左手杆球员从左侧绕过球门，选择正手位射门，右手杆球员从右侧绕过，同样进行正手位射门。移动时目视移动方向，射门前目视球门方向。

变化应用：射门时选择不同的射门方法，如拖射、腕射、击打射门等。移动时可以选择曲线运球或变向运球，选择正反手位都射门。

（3）限制位置移动射门：提高移动中绕障碍物射门能力，提高控球能力，提高射门精准度，发展身体速度能力。如图3-32所示，练习者持球在球门13米处准备，在球前方10米至12米处摆放四个距离分别为2米的标志桶，呈正方形摆在球门正前方。听到口令后，练习者运球从起点出发，通过前方两个障碍物后，左手杆球员从左侧绕过障碍物再进行射门，右手杆球员从右侧绕过障碍物再进行射门。

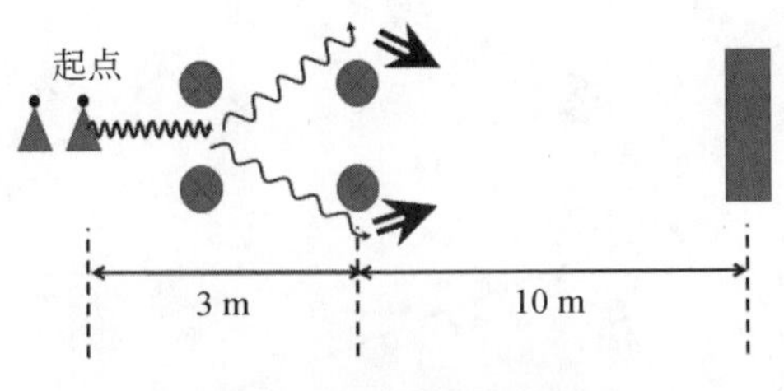

图 3-32　限定位置移动射门

移动运球进入障碍物之间，动作要快速，线路要精准，不得超过障碍和外围。变向速度快，射门前目视射门方向，做好压杆准备。

变化应用：选择不同的射门方法。可以在第一个障碍物前先做假动作，然后再进去中间区域绕障碍物后进行射门，尝试用正反手进行射门。

(4) 外切入移动射门：提高从外围切入射门能力，提高射门精准度，提高变向能力，发展灵敏性和反应能力。如图 3-33 所示，练习者距离球门13 米左右持球准备，听口令后，运球从起点出发，抵达第一个障碍物时，快速变向障碍物外侧切入，绕过第一个障碍物，在进入前排障碍物之间进行射门。

外围准备切入时身体重心先向障碍物一侧移动，将球控制在身体的侧后方，保护好球迅速做弧线内切入，目视移动方向。内切完成后，继续运球前行，目视射门方向，做足充分的压杆动作，然后将球射出。

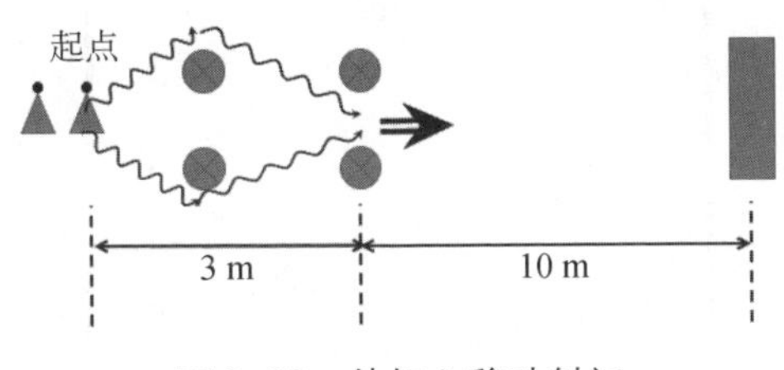

图 3-33　外切入移动射门

(5) 弧线运球绕障碍物射门：提高移动中射门能力，提高拖射能力，提高移动控球能力，发展速度素质和身体控制能力。如图 3-34 所示，练习者站在场地两个底角持球做好出发准备，在球门正前方 8 米摆放一个障碍物。听到口令后，球员运球成弧线绕场地外侧移动到达障碍物后，绕过障碍物进行射门，射门后回到起点，重复相同动作。

弧线移动运球时，保持球在身体的后侧方，射门时采用拖射的方法。运球移动过程中，目视移动方向，射门前目视球门。左手杆球员从球门左侧出

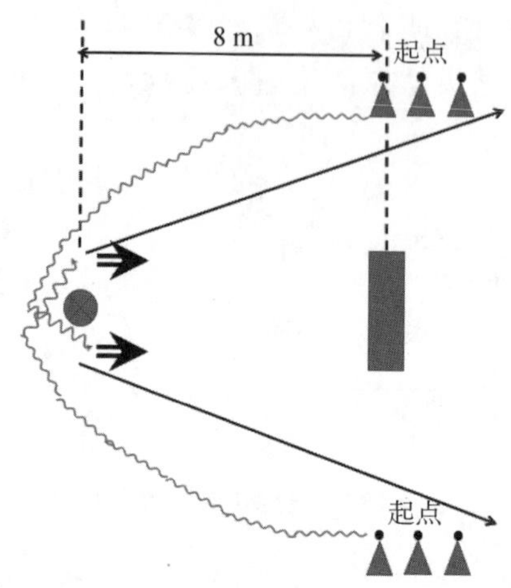

图 3-34　弧线运球绕障碍物射门

发，右手杆球员从球门右侧出发。

变化应用：移动运球过程中，变换动作或运球方法。到达障碍物后可以绕障碍物 360°转圈后再进行射门。

（6）平行线移动斜线射门：提高移动中射门能力，发展身体协调性和灵敏性。如图 3-35 所示，练习者持球在底角两边做好出发准备，在球门斜前方分别摆放两个障碍物。听到口令后，球员运球移动出发，其中左手杆球员绕正前方障碍物半圈，然后斜线进行射门，射门后跑向对角队伍后方。右手杆球员绕障碍物 360°后再进行斜线射门，结束后，跑向对角线队伍后方。

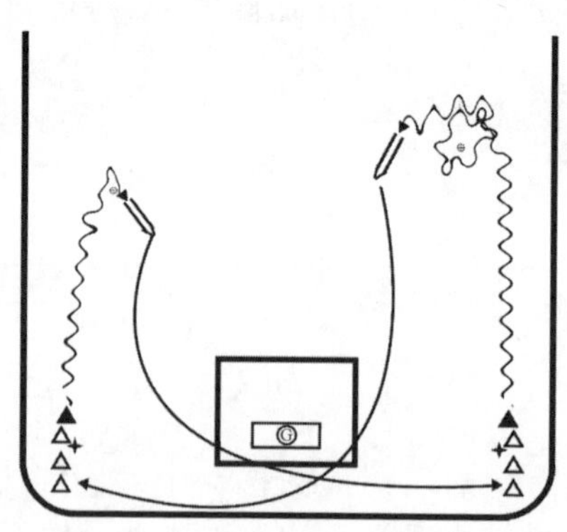

图 3-35　平行线移动斜线射门

移动过程中控制好球，射门前做好充分准备，将球打进球门。绕过障碍物后即可准备射门，不用运球，加强手腕的压杆动作。

变化应用：使用不同的射门方法进行射门。运球过程中做各种假动作。

（7）直线运球斜线精准射门：发展移动中精准射门的能力，提高射门准确性，发展协调性和反应能力。如图 3-36 所示，两组球员相距 4 米，持球分别站在球门的正前方做好出发准备，守门员区域分别摆放两个小球门。听到口令后，两组球员同时运球出发，在门前 8～10 米左右的距离开始斜向侧方的球门进行射门，射门后相互换位，跑向对方队伍入列，交换位置进行射门。

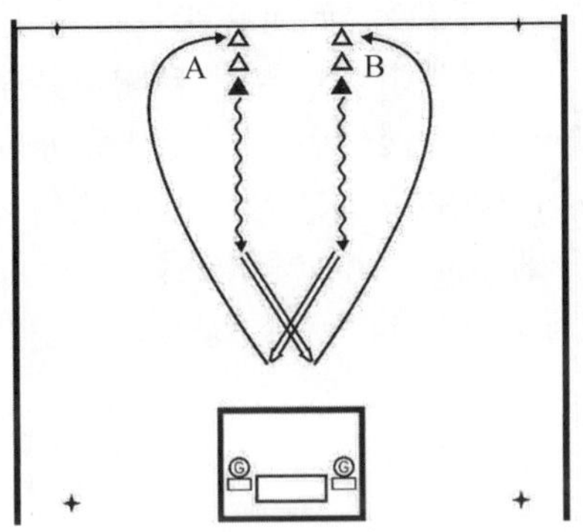

图 3-36　直线运球斜线精准射门

运球过程保持球在体侧身体中后部位置移动，目视移动方向。射门前身体重心稍下移，手腕压杆，借助球杆的弹性完成射门。精准射门，射向斜线方向的球门，力争把球打进球门。

变化应用：运球移动可以采用不同的运球方法，可以在途中加障碍物（可以是挡板，挑球过挡板），避开障碍物后继续运球射门。采用不同的射门方法。

（8）中场传接球移动射门：提高移动传接能力及移动中射门能力，发展灵敏性和反应能力。如图 3-37 所示，练习者在中场附近成两路纵队，其中一组球员持球做好传球准备，两组相距 10 米左右。听到口令后，1 号位持球球员向队友传球，然后弧线跑到斜前方 3 号位附近准备接 2 号位球员回传球。接球后，继续运球向前移动几米，在守门员区域外围进行射门，射门结束后跑到 2 号位队伍后方，2 号位球员传完球后跑到对面。

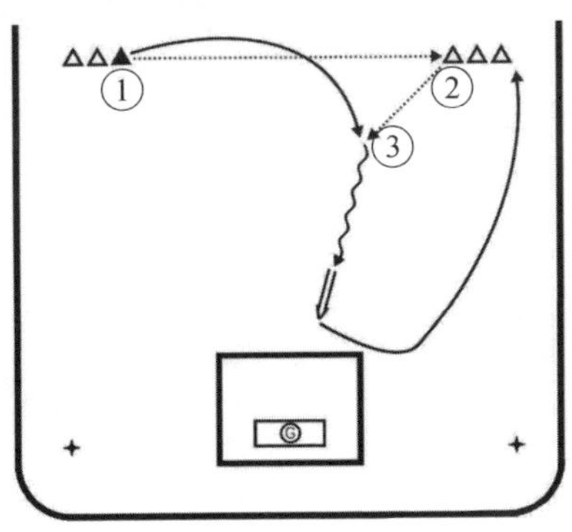

图 3-37　中场传接球移动射门

传接球要到位，2 号位球员传球时机要掌握好，正好在球员跑到 3 号位时球传到位，即球到人到。射门时目视射门方向，尽量将球打进球门。可以根据情况选择不同的射门方法。

（9）穿越传接球射门：提高传接球准确性以及移动中射门能力，发展反应能力。如图 3-38 所示，练习者分四组在半场四个角落站位，A、B 两组球员持球。听到口令后，A、B 两组球员互相传球，其中，A 通过打挡板传球给 B，B 则进行直线传球。双方接到各自的传球后分别传球给对角线的 C 和 D。在 A、B 传球的同时，C 和 D 迅速跑向前迎接传球，并在接到球后进行射门。A、B 传完球后分别跑向 D 和 C 队伍后方，C 和 D 完成射门后跑向 A 和 B 组队伍后方，如此循环更替进行射门练习。

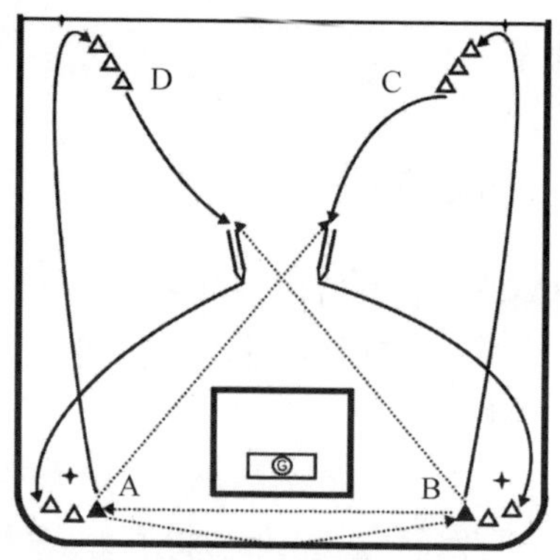

图 3-38　穿越传接球射门

熟悉跑动的路线和传接球的要求，传球要到位。上前迎接的球员不能原地等球，必须跑向前进行接球，接球后直接射门。

（10）四点接力传接球射门：提高传接球能力，发展移动中射门能力，提高团队配合意识，发挥反应能力。如图 3-39 所示，练习者分别在场地四角呈

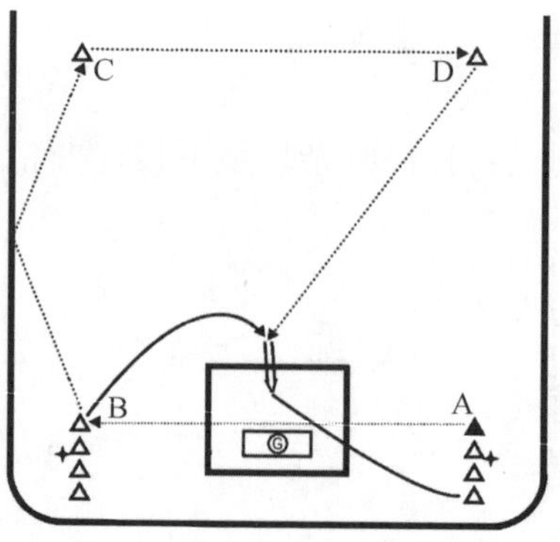

图 3-39　四点接力传接球射门

正方形站位，A 组球员持球做好传球准备。听到口令后，A 组球员传球给 B，B 接球后打板传球给 C，C 再传球给 D，D 接力后将球再回传给跑向门前接球的球员进行射门。B 射门后，跑向 A 组队伍后方，A 组球员传球后跑向 B 组队伍后方，C 和 D 原地不动。

注意传球的力度和准确性，确保球快速传到位。B 组球员传球后，不急于跑向球门区正前方接球，观察 C、D 的传接球情况，在 D 传球的瞬间，迅速加速冲向前方，然后拿球射门。传球时目视传球方向。

（11）中路倒三角传接球射门：提高球员传接球，移动中射门和加速冲刺等能力。如图 3-40 所示，A 和 B 组球员分别在底角两边争球点附近站位，其中 B 组球员持球做好传球准备。听到口令后，B 组传球给 A，A 接球后迅速运球穿过球门区后方，到达 B 组球员附近。B 球员传球后，加速向中场附近冲刺，即将到达中场时，迅速做大回转转身向球门正前方位置 C 处冲刺，此时 A 正好运球到位，将球传向跑动中的 B，B 接球后迅速进行射门。B 射门后，跑到 A 组队伍身后，A 传球后到 B 组队伍身后。

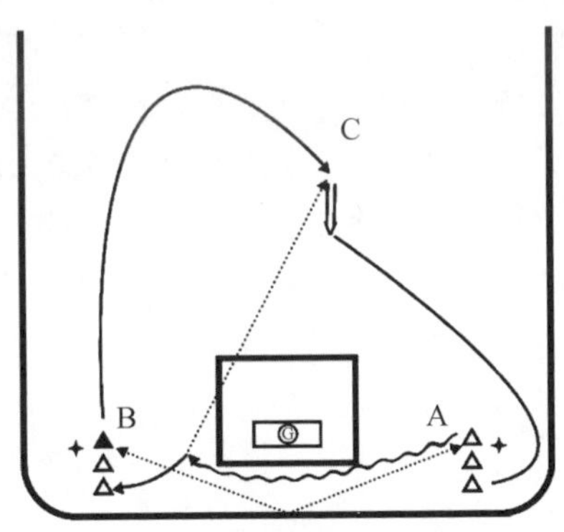

图 3-40　中路倒三角传接球射门

B 组第一个传球通过打挡板传递，注意传球的角度，确保传球到位。A 接球运球移动，结合 B 球员的加速冲刺速度，需要掌握正确的跑动传接节奏。目视射门方向，射门时可以采用不同的射门方法。

（12）转身接球后射门：提高复杂环境下接球并精准射门的能力，发展身体平衡能力，提高灵敏性和反应能力。如图 3-41 所示，练习者在 A 点和 B 点分别做好传接球准备，在距离 A 点前方 C 点处摆放一个障碍物。听到口令后，A 组球员传球给对面的 B 球员，然后迅速向 C 点位置冲刺，到达 C 点障碍物后，绕障碍物转一圈后继续向中前场跑动，与此同时，B 接球后，迅速将球回传给正在冲刺的 A 球员，A 在门前接球后，进行射门。射门完成后，A 回到 B 组队伍后方，B 传球后跑向 A 组队伍后方，依次轮换进行射门练习。

A 球员必须冲刺跑向预定地点，B 球员的传球时机必须掌握好，不得过

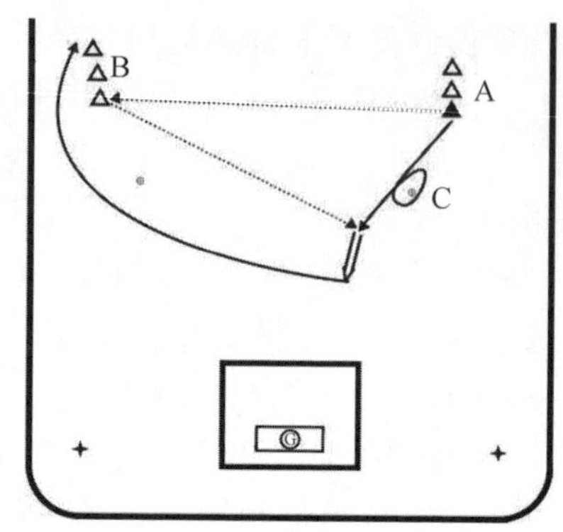

图 3-41　转身接球后射门

早，导致 A 拿不到球，也不能过晚，导致 A 在原地等球。射门时目视射门方向，射门时可以采用不同的射门方法。

（13）组合移动传接球射门：提高复杂环境下接球并精准射门的能力，发展身体平衡能力，提高灵敏性和反应能力。如图 3-42 所示，练习者分两组站在 A 点和 B 点位置，在两组中间各摆放两个障碍物。听到口令后，A 组第一名球员弧线向前跑动，跑到 1 号障碍物附近，同时第二名球员传球给第一名球员，接球后运球绕 1 号障碍物转一圈后继续运球朝 3 号位移动，在途中将球又回传给 A 组球员，然后加速冲刺到球门正前方接 B 组球员的传球射门。射门后，第一名球员跑到 B 组队伍后方入列。B 组球员传球后跑到 A 组队伍后方。如此循环反复。

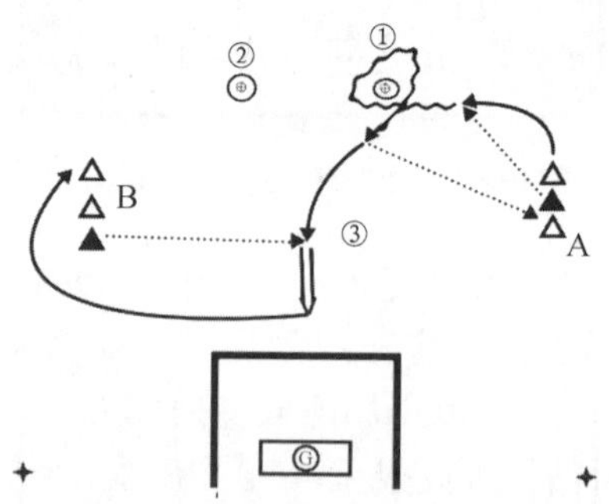

图 3-42　组合移动传接球射门

A 组球员在途中要进行两次传接球、一次运球绕障碍物。两侧负责传球的球员要观察 A 球员的跑位，达到及时有效的目的，提高射门精准度。

变化应用：A 组运球移动的球员可以选择两个路线进行运球绕障碍物，也可在 1 号和 2 号位置之间进行多种移动变化。B 组球员可以选择传反弹球、半高球等，增加练习难度。

(14) 梯形两次传接球射门：提高多次传接球能力，模拟比赛中射门情境，发展射门技巧，提高反应能力和判断能力。如图 3-43 所示，球员分 A、B 两组分别在中线争球点附近持球准备，其中 A 组球员持球，在球门正前方与 A、B 呈倒梯形，分别安排 C 和 D 两名球员固定负责传球。听到口令后，A 组球员斜方向传给 D，D 再传给 C，C 再回传给传球后跑位的 A，A 接球后进行射门。射门完成后，A 和 B 互相换位。

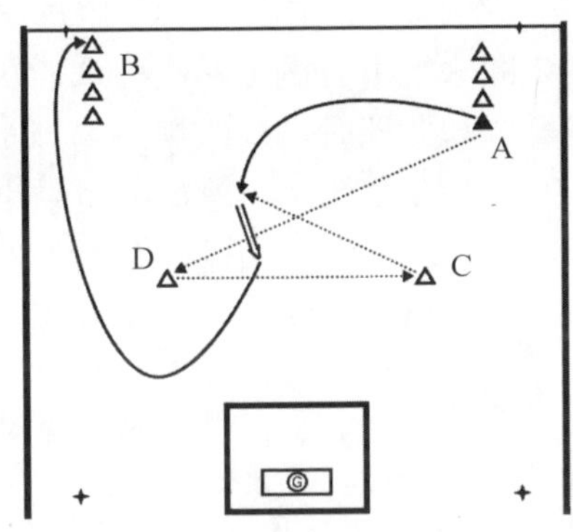

图 3-43　梯形两次传接球射门

熟悉移动线路，传球要到位，传球速度要快。A 组球员不可在原地等球，必须在移动中接球，然后进行射门。

(15) 矩形传接球反插射门：提高复杂环境下传接球能力，提高移动中精准射门能力，提高加速冲刺能力，发展身体协调性和反应能力。如图 3-44 所示，四组球员分别呈矩形站位，其中 A 组球员持球做好出发准备。听到口令后，A 运球向前移动数米后将球传给 B 球员，B 迅速传给 C，C 再迅速传给 D，与此同时，A 快速向前冲刺，绕过 B 后往球门前方反插。在 A 即将到达

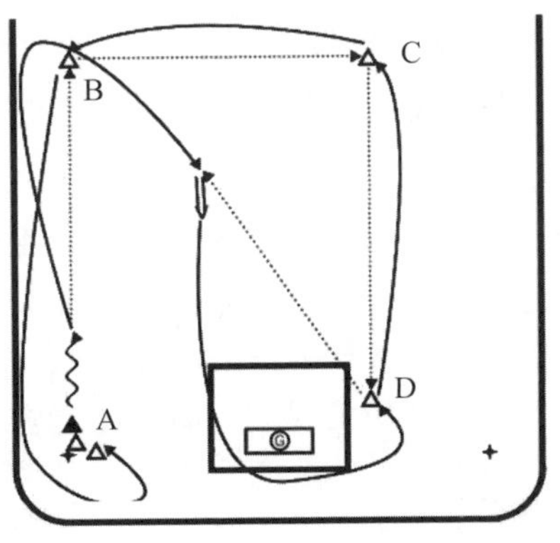

图 3-44　矩形传接球反插射门

射门点位的时候，D迅速将球传给到位的A，A完成射门。

所有球员必须密切观察相互之间的位置，做好传接球的准备，控制传球的力度和精准度。A组球员要加速全力冲刺，确保在球到位后及时跑到预定的射门位置。

(16) 中场倒三角传接球射门：提高复杂环境下传接球能力，提高移动中精准射门能力，发展身体协调性和反应能力。如图3-45所示，四组球员分别呈矩形站位，其中C、D两名球员固定不变，A组球员持球准备出发。听到口令后，A组第一名球员将球给下方的C，C接球后再传给D，D接球后再回传给A组的第二名球员，与此同时，A组第一名球员绕过前方的障碍物再返回中间接D传球进行射门。A组第一名球员射门结束后跑到B组队伍后方继续。B组第一名球员开始重复相同的动作，即B组第一名球员传球给D，D至C，C至B组第二名球员，同时B组第一名球员绕障碍物转圈再返回中间进行射门。

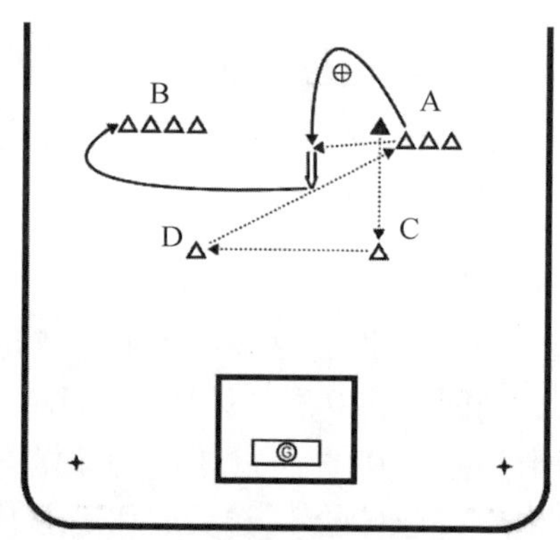

图3-45　中场倒三角传接球射门

熟悉动作路线，所有球员全神贯注观察传球球员及跑位球员。注意传球的精准度和力度，注意时间差。

(二) 专项体能学练方法

影响运动员球场表现的主要因素有技术、战术、生理和心理四个方面，只有当这四个方面达到一定的平衡，才能充分发挥球员的能力，在球场上完全表现出训练水平。其中最为核心的通常是技术和体能两方面，技术能力的表现取决于基本运动技能的掌握程度和开发程度，而对体能表现来说，提升运动能力则是其关键目标。软式曲棍球是一项高度凸显运动员速度、灵敏和反应或者说协调性的团队运动项目，水平高低可以通过运动员的移动效率来展现，而高效的动作则是通过速度、灵敏以及反应来体现，因此，在保证基础体能和力量的基础上，全面提升球员速度、灵敏及反应水平，将有效改善运动员的球场表现能力。

在进行软式曲棍球专项体能训练之前，可以采用罗根・K. 施瓦茨和万斯・A. 弗里格诺推荐的测试方法对学生的能力进行初步评估。

1. 速度能力

(1) 10 米冲刺：测试练习者的加速能力和技巧以及第一步的爆发力。

评价方法：站立时起跑姿势准备，发令后全力加速冲刺 10 米。

评价方式：秒表计时，动作技评。

评价标准：相同距离，用时短者为更优。

(2) 30 米慢启动快速冲刺：测试练习者从慢跑到加速冲刺转换能力。

评价方法：在离起点 5 米处画标志线，作为加速冲刺起点。起点开始慢跑 5 米。到达标志线后，尽全力加速冲刺至 30 米终点。

评价方式：秒表计时（5 米标志线处开始计时），动作技评。

评价标准：相同距离，用时短者为更优。

2. 灵敏性能力

(1) 30 米"T"形移动测试：测试练习者的灵敏性、体能、外展肌群和内收肌群的柔韧性及力量。

评价方法：如图 3-46，向前冲刺 5 米到达标志点。右侧滑步 5 米，并用右手触摸右侧 5 米处的标志线。左侧滑步 10 米，并用左手触摸标志线。右侧滑步 5 米，回到标志点。用脚触碰标志点，再后撤步越过起点标志线，测试结束。

评价方式：秒表计时，动作技评。

评价标准：相同距离，用时短、动作规范协调者为更优。

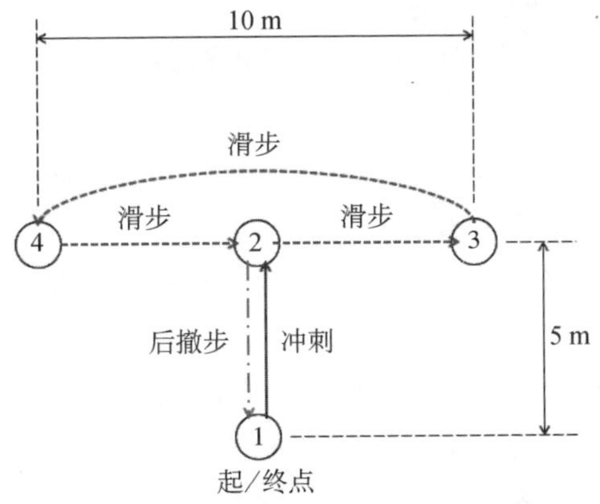

图 3－46　30 米"T"形移动测试

(2)"F"形移动测试：测试练习者变向和控制身体姿势的能力以及技能之间的转换和切入能力。

评价方法：如图 3-47 所示，将五个标志桶按照顺序分别摆放成“F”形，每个标志桶之间相隔 5 米。按照编号顺序及动作要求完成相应的动作。

评价方式：秒表计时，动作技评。

评价标准：相同距离，用时短、动作规范协调者为更优。

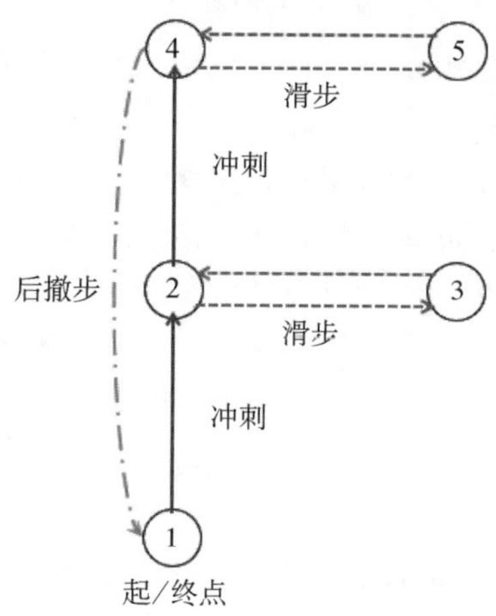

图 3-47 “F”形移动测试

(3) 20 米往返冲刺测试：测试练习者变向、步法和反应时间的能力。

评价方法：采用站立时起跑姿势，面向前方准备。跨出起点，立即转向右侧，冲刺 5 米，用手触摸标志线。转向左侧，冲刺 10 米，用手触摸左侧标志线。再转向右侧，冲刺 5 米，回到终点。

评价方式：秒表计时，动作技评。

评价标准：相同距离，用时短、动作规范协调者为更优。

3. 反应能力

踝关节跳跃测试：测试练习者下肢的反应速度和弹跳力量。

评价方法：原地站立，双腿伸直，准备起跳时只能通过脚踝完成跳跃，膝关节不得弯曲。起跳后，空中停留时间越短越好，即规定时间内完成次数越多越好。

评价方式：秒表计时规定时间内完成跳跃次数。

评价标准：相同时间，动作标准、完成跳跃次数多者为更优。

在进行以上几种方法测试时，针对每个项目应该至少进行两到三次的测试，并在测试前对练习者进行方法的讲解，做好热身活动，并记录热身活动的形式和内容，以保证以后再次测试时进行相同的内容，并对其他可能的影响因素做好记录，比如场地条件、器材设备、气候因素以及练习者所穿的鞋等相关因素。

测试完毕并记录测试者的完整数据，然后根据不同的条件采用不同的训练方法，调整训练方案，经过一个阶段的练习后，再采用相同的方法进行测试来检验训练的效果。

软式曲棍球融合了篮球、冰球、曲棍球甚至足球运动的生理特点，在比赛的过程中，它的运动形式是间歇性的，球员的移动经常要交替经历爆发式发力、高强度冲刺等过程，而且需要在多个方向上频繁完成爆发式冲刺和变向活动，其中有些技能的运用又类似于篮球，必须做切入和转身，同时还要保持速度和爆发力，攻防转换的节奏非常快。除了对上半身手臂、手腕等精细化动作的要求，还要求同时具备下半身的速度和灵敏，因此，速度、灵敏和反应训练可以帮助球员在球场上移动时保持良好的爆发力，以及在动态运动过程以及身体接触时保持平衡和传接球准确性。

软式曲棍球球场上除了守门员以外，5 名球员虽然各司其职，但所有位置都要求球员具备一定的速度、灵敏和反应。进攻球员主要任务是取得进球，因此必须比对方球员跑得快，而且还要能及时躲避对方的阻击，进行快速变向、加速和减速等，在合适的时机还要进行准确的传接球和射门，这些动作都必须协调一致，在高速状态下准确完成。对防守球员而言，必须具备快速变向、加减速的能力，以便能跟上对方进攻球员的节奏。最为重要的是，这两者之间的角色是不断进行切换的，因此，非常有必要通过系统的训练来提高球员的速度、灵敏和反应能力。当然，这方面的训练仅是特定训练，不能代替其他力量、耐力等体能训练，要做到一定程度的平衡，才能达到最佳的训练效果。

（三）专项体能训练案例

确定了软式曲棍球专项体能训练的基本要素，接下来需要针对不同的训练对象设计不同的专项体能训练计划，主要考虑训练内容的选择、训练量和强度的安排、准备活动内容、训练后的恢复等内容。通过一个阶段的训练，确保运动员掌握基本的运动模式后并听取运动员的反馈，对相关能力进行测试，根据测试情况再调整训练方案。以下从速度、灵敏以及反应等方面介绍一些专项体能训练案例，供读者参考。

1. 速度能力

（1）跌落式加速跑：是指以双脚平行原地站立，双手自然下垂保持不动，听到口令后身体前倾直至即将失去平衡，快速迈腿向前冲刺加速跑的完整过程。该方法能够提高快速换腿加速能力，并学会加速时身体前倾的正确姿势。

双脚并拢，自然站立，身体前倾过程中，手臂不动。失去平衡瞬间，抬腿向前迈步支持。尽快稳定重心，避免跌倒。加速冲刺 20～30 米距离后结束。

易犯错误

a. 双脚前后站立
b. 前倾过程，手部有支撑动作
c. 前倾角度不够，过早迈腿加速
d. 加速冲刺没有尽全力

（2）短程变速跑：是指在指定距离内，从站立式起跑开始，通过每一个标志点时采用不同的速度完成全程的跑步过程。该方法能够提高加速转换和增强变化速度的能力。

如图 3-48 所示，每个标志点之间的距离相同（5 米）。第一段采用半速跑动，第二段采用四分之三速度跑动，第三段采用四分之一速度跑动，第四段采用全速跑动。跑动过程中注意手臂摆动和身体的配合。

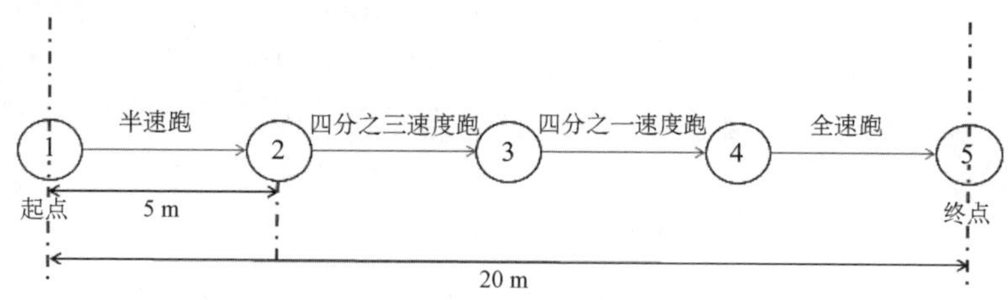

图 3-48　短程变速跑

易犯错误

a. 速度的节奏把握不到位
b. 没有明显的加速转换过程
c. 跑步时低头看标志点，没有目视前方

（3）原地摆臂练习：是指原地站立时，肩关节放松，肘关节弯曲，双臂进行前后摆动的完整动作。通过静止状态下上肢动作练习，提高跑步的技巧和速度。

原地站立，双脚打开与肩同宽，沉肩。身体不动，做原地冲刺动作，手掌向前摆动高度大约与肩同高或略超过肩，向后摆动超过臀部。肘关节始终保持 90°左右。手臂前后摆动过程中，不超越身体中线。

易犯错误

a. 耸肩，肌肉紧张不放松
b. 摆动动作变形，摆动幅度过大，超越中线，变成左右摆动
c. 肘关节没有保持 90°弯曲，变成直臂摆动

（4）立定跳远转加速跑：是指从立定跳远开始，落地后不完全下蹲接着向前进行加速跑动的完整过程。该方法能够提高线性爆发力与短程加速能力的结合度。

原地站立时，双脚与肩同宽。半蹲进行立定跳远，空中保持两腿并拢。落地后不要完全下蹲，半蹲状态下，迅速迈步向前进行加速跑。动作演示见二维码视频 3-22。

视频 3-22

易犯错误

a. 立定跳远动作不规范
b. 起跳过于用力，导致落地无法控制下蹲深度
c. 身体没有前倾，落地与迈步动作脱节

（5）撑墙高抬腿：是指正面对墙，距离前面一定距离双手撑墙，身体呈前倾状，然后单腿抬起与地面呈水平状，支撑脚脚跟离地，接着双腿轮流做高抬腿的完整过程。该方法能够改善跑步时正确的身体姿势，提高加速动作的本体感受。

支撑脚以前脚掌为支点，身体前倾 45°左右，双臂伸直撑墙。高抬腿时，大腿与地面平行，身体保持收紧。听口令进行双腿轮换。高抬腿踝关节稍紧，保持与支撑脚相同角度。动作演示见二维码视频 3-23。

视频 3-23

易犯错误

a. 身体离墙面过近或过远，导致身体倾斜角度不够或过大
b. 身体过于放松，抬腿高度不够
c. 支撑脚全脚掌撑地，动作没有弹性

（6）高速步频状态下加速：是指以最快的步频原地或向前小步跑，听到口令后，再全力向前加速跑的全过程。该方法能够提高高速步频状态下向前加速跑的能力。

保持身体直立，双臂做原地高速摆动。原地高速抬腿或高速抬腿小步向前移动。听口令或高速抬腿小步跑 10 米左右，上身前倾，转为加速冲刺 10 米。整个过程，躯干保持绷紧和直立，脚步快速离地。动作演示见二维码视频 3-24。

视频 3-24

易犯错误

a. 上身塌陷，身体放松，手臂摆动幅度不够
b. 支撑脚弯曲，抬腿高度不够
c. 动作频率不够
d. 由高频转向高速冲刺时，动作脱节，衔接不够

（7）“顶牛”加速跑：是指在前方有阻力的状态，依然保持最大加速能力向前冲刺的全过程。该方法能够提高启动时的爆发力，增大步幅。

视频 3-25

同伴双手顶住肩部，重心前倾。身体收紧，前倾，逐渐加大蹬地力量，加速跑时加大摆臂力度和幅度。抬腿蹬地等动作必须做完整。保持阻力状态下，向前加速 5～10 米。动作演示见二维码视频 3-25。

易犯错误

a. 身体没有前倾，导致受力方向偏差
b. 全脚掌蹬地，动作变形
c. 同伴配合度不够，导致效果不佳

（8）“拖车”加速跑：是指身体负重状态下，依然保持最大加速能力向前冲刺的全过程。该方法能够增强启动时的爆发力，提高加速冲刺能力。

视频 3-26

同伴双手抱住腰部，重心后移。前面十多步加速前行时，同伴持续施加阻力。冲刺预定步数后，同伴突然消除阻力，受阻者最快加速向前冲刺 10 米，到达最快速度。动作演示见二维码视频 3-26。

易犯错误

a. 同伴施加阻力动作不到位，导致效果不佳
b. 同伴施加阻力过大，导致无法加速前行
c. 阻力释放时，加速停顿，导致动作脱节

（9）上坡加速跑：是指保持正确的跑步姿势，在具有一定向上坡度的直道上进行固定步数加速冲刺跑的全过程。该方法能够增强启动时的爆发力，提高加速跑过程的步幅。

使用坡度为 30°左右的跑道。跑步过程尽量不超过 8 秒钟。在保持时间不变的前提下，减少步数。

易犯错误

a. 上身僵硬，动作不协调
b. 抬腿高度不够，导致步幅不够

（10）下坡快速跑：是指保持正确的跑步姿势，在具有轻微向下坡度（不超过 10°）的直道上进行向下加速冲刺跑的全过程。该方法能够提高最快速度和步频。

借助自身重力，身体略前倾。注意保持跑步动作的正确性。加快步频，保持最大步幅四分之三步长。注意由慢到快，防止动作失控。

易犯错误

a. 速度过慢，达不到训练效果

b. 过高估计自己的能力，导致跌倒

2. 灵敏性能力

（1）守门员区域滑步移动：是指围绕守门员区域外面，运用滑步、冲刺、后撤步等方法进行移动的完整过程。该方法能够提高身体的变向能力、提高移动步法之间切换能力以及穿插能力。如图 3-49 所示，从起点出发启动向前冲刺 4 米。保持身体方向不变，迅速急停向右侧横向做快速滑步移动 5 米。迅速急停，保持身体方向不变，向后方做后撤步 4 米。迅速急停，保持身体方向不变，向左侧快速滑步 5 米回到起点。动作演示见二维码视频 3-27。

视频 3-27

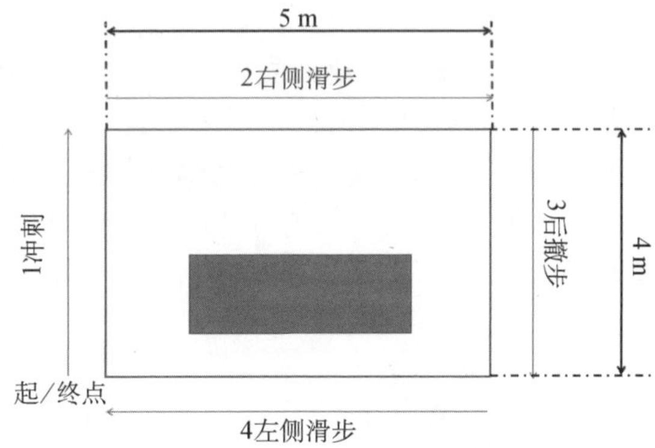

图 3-49　守门员区域滑步移动

启动快，全力冲刺。保持身体方向不变，左右滑步时，重心下移，上身不动，节奏要快。后撤步时，不得回头观望。

易犯错误

a. 动作不协调，滑步动作不规范

b. 身体有变向，导致动作错误

c. 滑步及后撤步时，身体重心过高

（2）“T”形路线移动：改善步法、提高反应能力。如图 3-50 所示，双脚站立式起跑，向前冲刺 5 米，到达 1 号标志点。360°转身，继续向前冲刺 5

米，到达 2 号标志点。继续 360°转身，向前冲刺 5 米，到达 3 号标志点。到达第三个标志点后转向右侧或左侧，继续冲刺 10 米。到达 4 号标志点后 360°转身向左侧冲刺 20 米。

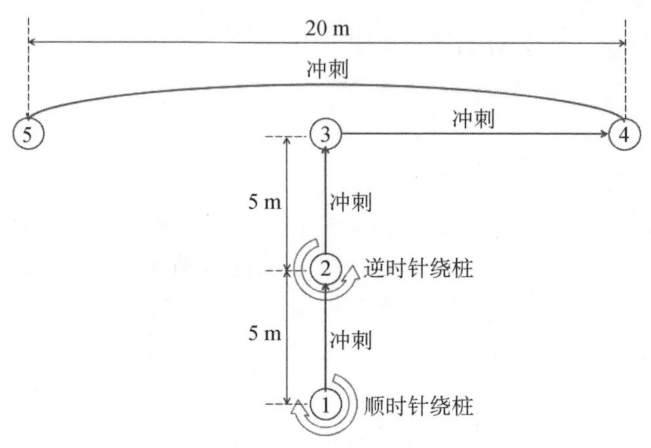

图 3-50 “T”形路线移动

原地 360°转身须完整，冲刺时，重心稍前移。动作之间要连贯，不能有停顿。

(3) 三角转身移动：提高变向和步法能力，改善髋关节灵活性。如图 3-51 所示，从起点开始，向右侧冲刺，不停顿，顺时针绕过障碍物后斜线跑向下一个障碍物。经过第二个障碍物时，逆时针绕障碍物一圈后再跑向起点。

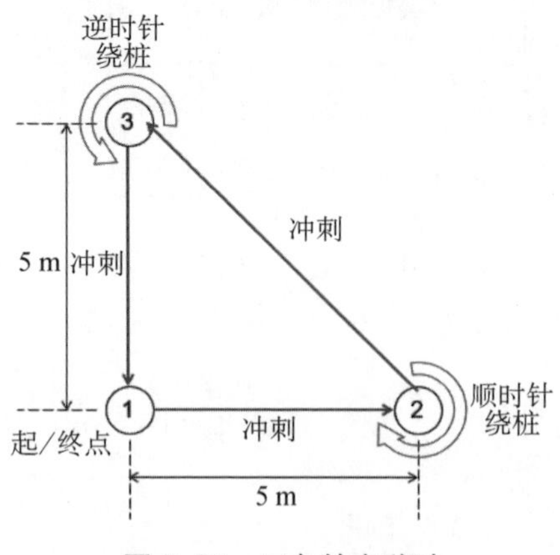

图 3-51 三角转身移动

(4) 守门员区域交叉步移动：提高快速转向能力，改善髋关节柔韧性，进一步熟悉步法。如图 3-52 所示，从起点出发向右侧做 5 米距离的交叉步移动。到达第一标志点后，保持身体方向不变，向前冲刺 4 米。到达第二标志点后，保持身体方向不变，向左侧做 5 米距离的交叉步移动。到达第三标志点后，保持身体方向不变，向后方做后撤步移动，回到起点。

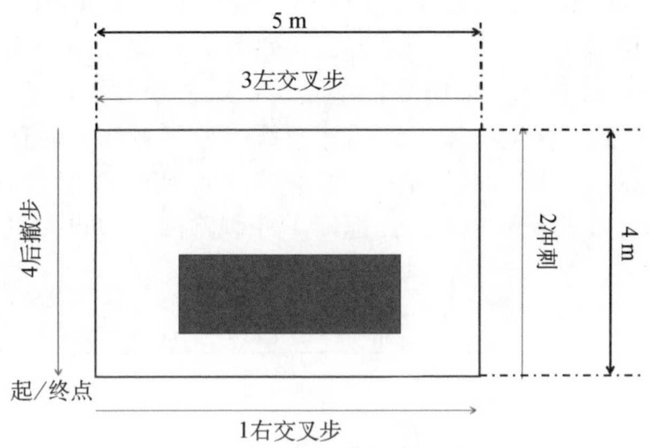

图 3-52　守门员区域交叉步移动

动作必须保持正确性，交叉步时，髋关节放松。身体方向保持不变，始终朝向正前方。后撤步步幅适中，不要过大。

(5) 40 米滑步直线往返：提高灵敏性、发展身体耐力，改善外展肌群和内收肌群的柔韧性和力量。如图 3-53 所示，原地侧身站位做好出发前准备动作。听到口令后，向右侧滑步移动 5 米，到达标志线后用右手触线。触线后原路返回，进行左侧滑步移动，到达起点后，左手触线。重复右滑步 10 米，

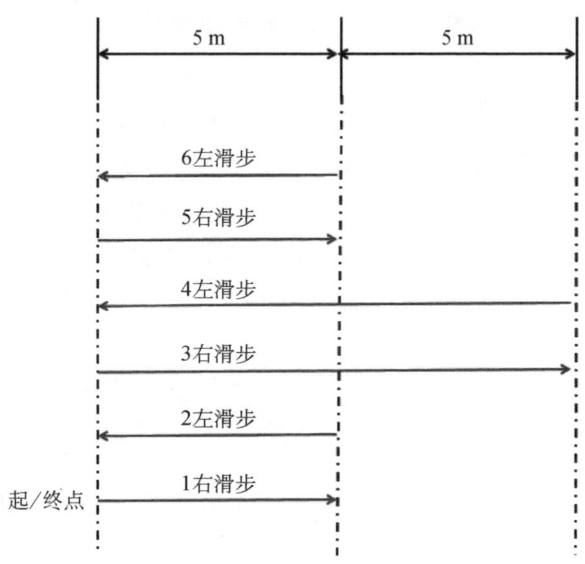

图 3-53　40 米滑步直线往返

到达标志线后右手触线返回。左滑步 10 米返回起点。重复第二和第三步动作。

重心稍下移，步幅不宜过大。触线前，身体下蹲，重心移动至单侧。

（6）40 米后撤步与冲刺结合：提高灵敏性，增强变向能力，加强速度耐力素质。如图 3-54 所示，双脚平行站立，背对移动方向，准备后撤步移动。听到口令后，后撤步移动 5 米，到达标志线，单脚触线。原路返回，采用冲刺跑，回到起点，单脚触线。保持身体方向不变，继续快速后撤步移动 10 米，到达标志线。触线后，原路返回，冲刺跑回到起点。重复第二、第三步动作。

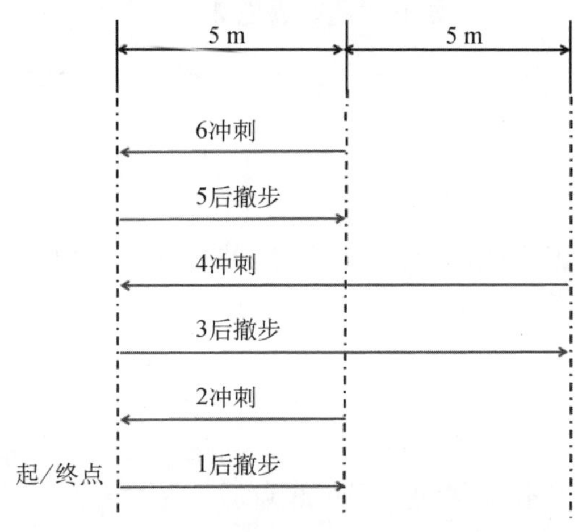

图 3-54　40 米后撤步与冲刺结合

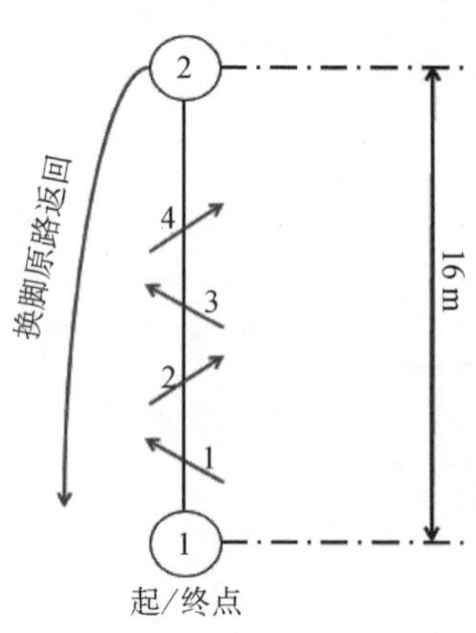

图 3-55　单足变向直线跳

移动过程中，保持身体方向不变。后撤步时，步幅保持始终，步频加快。全速进行冲刺。

（7）单足变向直线跳：提高灵敏性、平衡能力以及腿部力量和反应能力。如图 3-55 所示，以中线为轴，单脚站立，站在直线一侧，准备进行单足跳移动。听到口令后，单脚跨过中线，向斜前方跳跃。完成一个跳跃动作后，再越过中线，向另一侧斜前方跳跃。如此反复，直至抵达 10 米处标志线。换脚按照相同动作原路返回到起点。

整个过程保持单脚状态。跳跃时必须跨越中线，进行变向运动。跳跃时，保持手臂动作的协调配合。

（8）转身 180°跳跃直线移动：提高灵敏性、平衡能力、髋关节灵活性和反应能力。以中线为轴，双脚站立，两脚分别落在直线两侧，背对前进方向，准备进行跳跃移动。听到口令后，向后方双脚起跳腾空，在空中 180°转身，面向移动方向双脚落地，两脚交换位置。动作不停顿，落地后继续起跳前行，直至到达 10 米标志线。相同动作原路返回到起点。具备一定的腾空高度，空中有向前的位移。落地后，稍作缓冲后随即迅速起跳。动作演示见二维码视频 3-28。

视频 3-28

（9）三角形移动：提高加速、制动和身体控制能力。如图 3-56 所示，练习者从起点出发，斜向右前方加速冲刺 5 米到达 2 号标志点。到达 2 号标志点后，保持身体面向正前方，向左侧进行快速滑步移动 5 米。到达 3 号标志点之后，身体微左转，斜向右后 45°方快速后撤步移动，回到地点，完成整个动作。

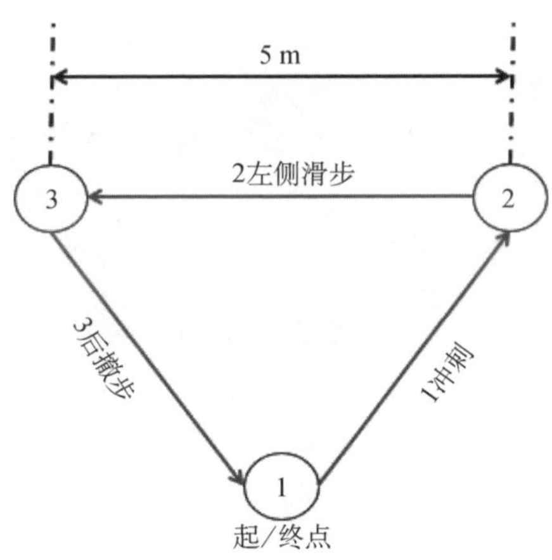

图 3-56　三角形移动

（10）斜角冲刺、后撤：提高变向和反应能力。如图 3-57 所示，面向正

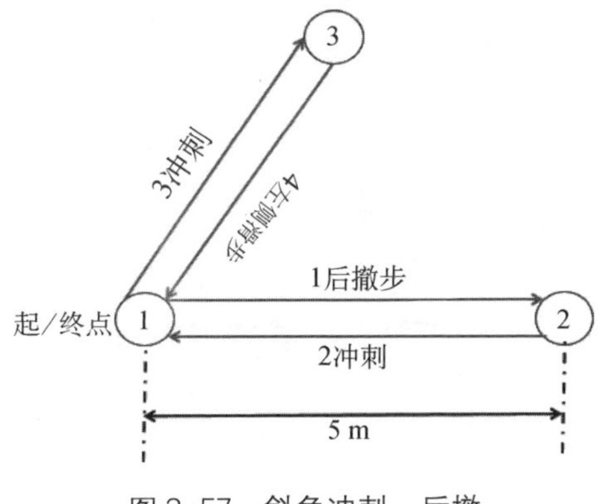

图 3-57　斜角冲刺、后撤

前方原地站立。听到口令后，立即右转向前加速冲刺 5 米距离到达 2 号标志点。抵达标志点后，保持身体方向不变，原路快速后撤步返回起点。抵达起点后，身体略左转，斜向 45°加速冲刺 5 米到达 3 号标志点。身体迅速左转 90°，随后向左侧进行滑步移动回到起点。

(11)“之”字冲刺、后撤步：提高变向、脚步反应能力，发展协调性。如图 3-58 所示，在球场中线位置摆放 8～10 个障碍物，每个间隔 1 米，练习者背对移动方向，做好准备。听到口令后，后撤步斜线通过第一个障碍物。过第一个障碍物后，迅速右转 90°斜向加速通过第二个障碍物。通过第二个障碍物后，继续右转 90°进行后撤步移动。重复前面的动作直至通过最后一个障碍物，练习结束。

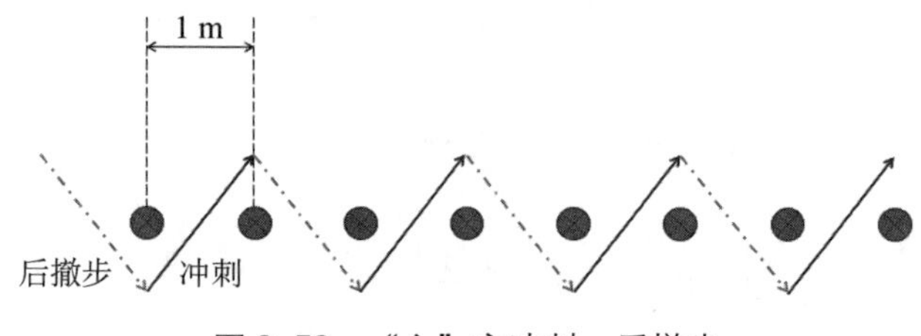

图 3-58 “之”字冲刺、后撤步

(12)“过山车”综合步法：提高各种步法的衔接能力以及综合运用能力，发展灵敏性。如图 3-59 所示，练习者做好出发准备。听到口令后，迅速迈右脚成滑步状向右侧滑步移动 5 米。到达 2 号标志点，左转 45°左滑步继续移动。到达 3 号标志点后，保持身体方向不变，后撤步至 4 号标志点。到达 4 号标志点后，左转约 45°左交叉步移动 5 米至 5 号标志点。到达 5 号标志点后，保持身体方向不变，进行 10 米冲刺，加速回到起点。

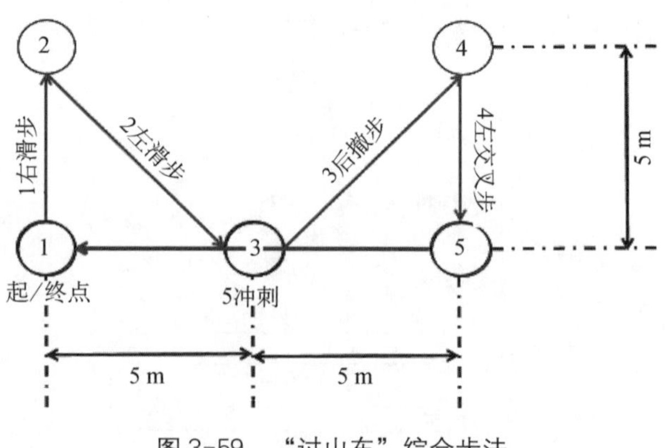

图 3-59 “过山车”综合步法

(13)“X”形综合步法：提高变向能力，提高各种步法之间的转换及切入能力。如图 3-60 所示，练习者面向正前方站立准备。听到口令后，迅速迈右脚成滑步状向右侧滑步移动 10 米。到达 2 号标志点后，迅速左转面向 3 号标志点加速冲刺。到达 3 号标志点后，左转约 45°背对起点向左侧进行左交叉步移动 10 米。抵达 4 号标志点后，迅速转身面向 1 号标志点加速冲刺回到起点。

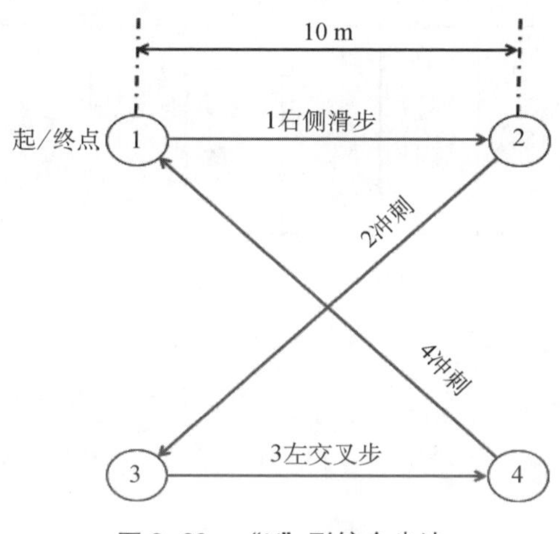

图 3-60　“X”形综合步法

（14）绳梯进出滑步：发展灵敏性、平衡性、协调性以及反应能力。如图 3-61所示，练习者双脚平行面向绳梯做好出发准备。听到口令后，按照先左后右的顺序，迅速迈左脚和右脚进入绳梯。双脚全部进入绳梯后，依然按照先左后右的顺序，向斜后方退出绳梯第一格，来到第二格绳梯外面。重复第一步动作，跳进绳梯，以此类推，完成整个绳梯格子，动作结束。

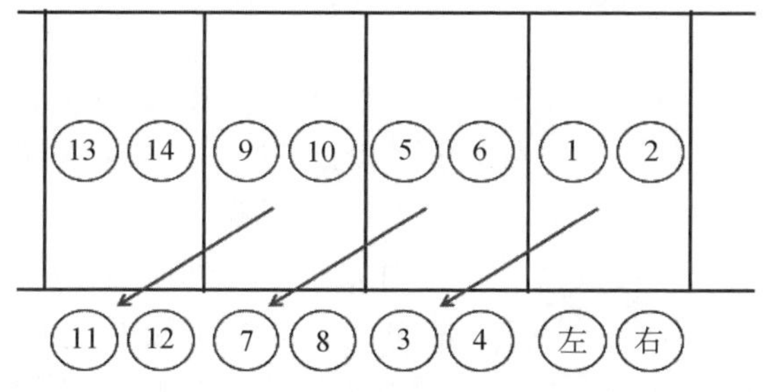

图 3-61　绳梯进出滑步

练习者迈步进绳梯时，不可跳高，稍越过绳梯即可。动作之间保持连贯协调，不可脱节。初学者可目视绳梯，熟练后目视前方完成所有动作。

（15）绳梯右进左出：发展灵敏性、平衡性、协调性以及反应能力。如图 3-62所示，练习者双脚平行面向绳梯做好出发准备。听到口令后，迅速迈右脚进入绳梯，右脚落地后，左脚向前一步落在绳梯外面一侧。左脚落地后，右脚向左横向跨步落在绳梯第二格里面。右脚落地后，左脚回撤落在绳梯第二格下侧。左脚落地后，右脚继续向左横向跨步落在绳梯第三格，落地后，左脚上移至第三格外侧落地。以此类推，不断往返重复相同动作。

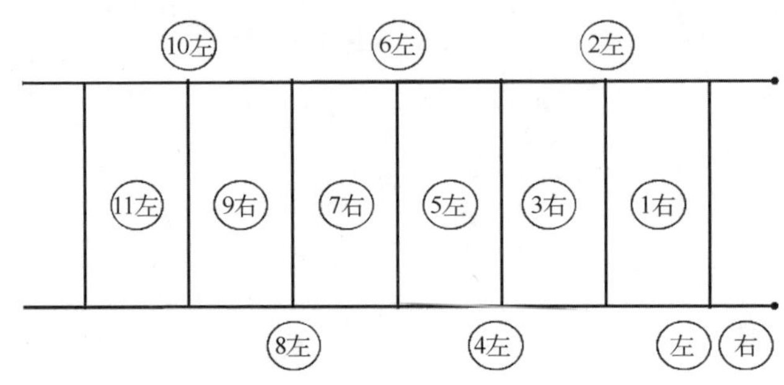

图 3-62　绳梯右进左出

练习者右脚始终落在绳梯格子中间。练习者左脚始终交替落在绳梯外侧上方和下方。动作保持连贯，不可停顿。初学者可目视绳梯，熟练后目视前方。

3. 反应能力

(1) 快速上步接球：提高视觉刺激和快速应激反应能力。两人一组，面对面站立，相距 2～4 米，其中一人持球。练习开始后，手持球的球员从肩部高度将球放开，使球成自由落体下降。另外一人眼睛注视球，在球落下的瞬间上步，须在球第一次反弹后，第二次反弹前接住球。

两者相距不能太远，太远接不住球；也不能太近，太近达不到提高反应能力的效果。必须配合身体动作，上步接球。可根据具体情况调整球离地的高度。

(2) 俯卧撑＋实心球传接：提高上肢爆发力以及特殊情况下身体反应能力。两人一组保持双膝跪地，保持适当的距离，其中一人手持实心球。听到口令后，持球球员进行双手胸前传接球，传给队友后完成一次俯卧撑，并还原成初始准备姿势。队友接球后，等对方完成俯卧撑还原成基本准备姿势后，再将球回传给对方。如此循环重复相同动作，直至速度显著下降结束。

双方相距距离恰当，确保上肢爆发力能得到发挥。推球时，保持上身放松。俯卧撑保持动作规范。

(3) 观察信号定向移动：提高神经元处理速率及第一步移动反应能力。练习者面对教练站立，教练手持球杆距离球员 10 米左右。教练员使用球杆提供刺激信号，练习者根据球杆指示方向进行移动。教练球杆向前指，练习者快速后撤步；向左指，练习者快速右侧滑步练习；向后指，练习者向前快速冲刺。不断变化方向，每组练习持续 20 秒左右，每次移动不超过 10 米。

练习者目视指挥者，始终保持对球杆手势的密切观察。每次转换必须保持最快的反应节奏。每个步法必须准确、清晰、规范。

（4）口令指挥加速跑＋后撤步：改善练习者反应能力，提高反应速度，提高变向能力。练习者原地站立，呈基本跑步姿势。听到口令后，进行快速直线加速前冲，听到下个口令则快速后退跑。发令者掌握发令间隔的时间和距离，保证足够的变向频率。

（5）躲避球练习：提高神经元处理速率及第一步移动反应能力。两名球员相距 10 米，面对面站立，其中一名球员作为辅助人员手持球袋，内部装 20 个球。另一名球员站在边长为 1.5 米的正方形内等候躲避球。听到口令后，持球球员将球扔向对方，另一名球员尽最大可能快速反应移动避免被球击中。根据实际情况调整距离，逐渐增加难度。

（6）“T”形移动＋抛接球：提高变向能力和反应能力。如图 3-63 所示，练习者原地站立位开始，面向正前方，做好出发准备，教练员站在 2 号位前方。听到口令后，向前加速冲刺 5 米，其间教练往 2 号位置抛球，练习者接球后迅速将球抛回给教练。练习者抛球后，迅速向右侧滑步，到达3 号位，保持身体方向不变，向左侧进行交叉步移动至 4 号位。到达 4 号位后，滑步回到 2 号位，再后撤步回到起点，其间教练不断往 2 号位抛球，要求练习者接球后，把球抛还给教练员，同时保持动作不间断。

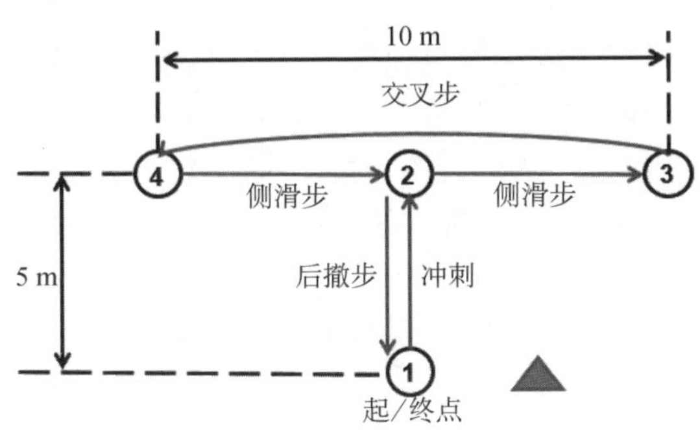

图 3-63　“T”形移动＋抛接球

（7）立卧撑快速弹起抛接球：提高神经元处理能力，发展全身灵敏性、运动知觉反应能力。练习者呈俯卧撑姿势做好准备。听到口令后，迅速起立，原地起跳，其间教练员将球抛向练习者上方，练习者接住后将球抛还给教练员，再返回俯卧撑状态，等候下一个口令。

立卧撑起立时，必须原地起跳。听到口令后，快速起立，尽可能快速爆发弹起。教练员抛球时机和位置要恰到好处，便于球员抛接球。

(8) 坐姿起立快速冲刺：提高神经元处理能力，发展全身灵敏性、运动知觉反应能力。练习者双脚伸直坐在地面上，双手扶地做好准备姿势。听到口令后，快速起立从起跑姿势开始向前方加速冲刺 5 米。听到口令后最快速度反应起立。加速冲刺前须从起跑姿势开始。

(9) 仰卧姿势快速弹起接球：发展快速反应能力，提高全身灵敏性，增强注意力集中度。仰卧在地板上，全身放松，做好准备姿势。听到口令后，快速转身呈俯卧状态，然后快速弹起呈起跳姿势。弹起后，接住教练员抛过来的球并迅速将球还给教练员，然后还原呈仰卧姿势。重复相同动作至速率明显下降。

(10) 绳梯单脚跳：发展下肢反应速度。如图 3-64 所示，绳梯放置在地面，练习者正对绳梯单脚站立。听到口令后，单脚起跳落入绳梯第一格，随即快速跳起，前往绳梯第二格。保持连续单脚起跳落地，直至跳完所有格子。换脚重复相同动作，返回起点。

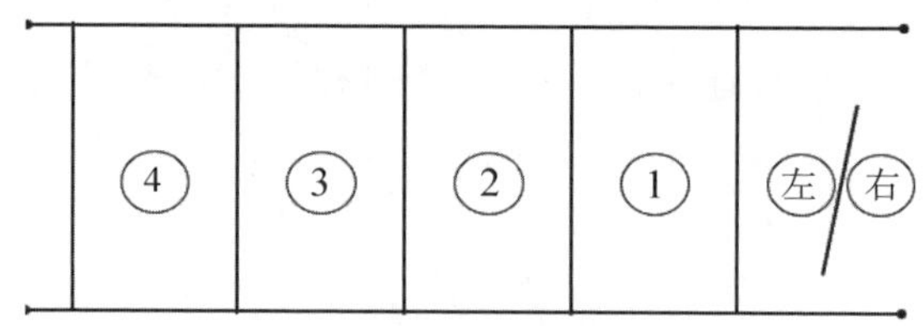

图 3-64　绳梯单脚跳

始终保持单脚状态，落地后迅速起跳，尽量减少与地面的接触时间。前脚掌着地，身体协调配合。目视移动方向，不得盯住地面。可将步法改为单脚横向移动、向后跳跃等动作，满足训练不同变化需要。

(11)“击剑”躲闪练习：发展反应能力，提高身体躯干区视觉刺激的反应速度以及全身协调配合能力。两名球员面对面相距 3 米站立，一名辅助人员手持球杆。听口令开始后，辅助人员伸出球杆笔直刺向对面练习者（保持一定距离确保没有接触）或者高于头部位置横扫。练习者根据球杆刺来的方向进行快速躲闪或移动至无法攻击到的位置。

(12) 正方形区域快速反应脚步：发展下肢反应速度，提高反应能力和变向能力。如图 3-65 所示，两名球员相距 1 米，位于边长为 10 米的正方形区域内，两者距边长的距离相等。开始前，两名球员分别在各自区域进行原地快速踏步，保持脚在标志圈内，目视前方教练员。教练员站在两名球员正前方，发出指令（单手上举，练习者跑向各自前方标志点，踩线后返回；单手前指，练习者转身跑向各自身后标志点，踩线后返回），练习者迅速根据指令，完成相应动作。练习者返回各自区域后始终保持原地快速踏步。

(13) 镜像模仿：发展全身反应速度和变向能力。划分两个边长为 5 米的正方形，相距 2 米，练习者和搭档各占据一个，其中练习者站在自己区域的正中间，面对搭档做好移动准备姿势。搭档发出视觉指令，做出任意动作（左右滑步、交叉步、跳跃、加速跑、起跳等），练习者必须快速模仿相应动作。如果练习者不能及时跟上搭档的动作，则双方交换角色，继续进行练习。

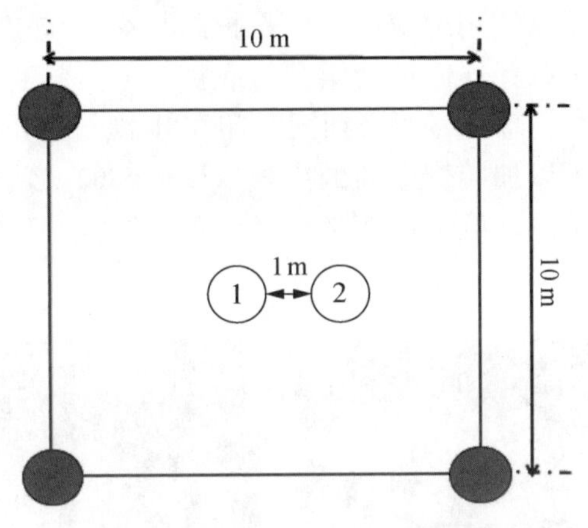

图 3-65 正方形区域快速反应脚步

（14）镜像冲刺：提高快速变向和反应能力。在场地中线位置，两名球员面对面相距 5 米站立，做好准备姿势。听口令开始后，练习者向前冲刺，另外一名搭档则进行后退跑。当搭档停止后退并向前冲刺时，练习者立即开始后退跑。以后退者为参照，做反向动作。重复以上练习直至力竭。目视对方，密切关注后退者的动作。

（15）镜像滑步：提高下肢的横向移动能力和反应能力。两名球员面对面分别站在中线两边，重心下移，做好准备姿势。听到口令后，练习者目视搭档并跟随搭档的滑步，保持同步移动。30 秒后，双方交换角色，继续进行左右滑步练习。

第三节 育人及教学评价

一、软式曲棍球赛事礼仪

体育项目在各自的发展历程中都逐渐形成了自身独特的礼仪文化，这些礼仪文化构成了该项运动的特色和魅力，因此在进行运动技能传授的同时，必须让运动员了解项目的赛场礼仪，体会其内涵，从而更好地理解该运动项目的属性特征和社会价值。软式曲棍球在发展的 40 年时间里，也形成了它的赛事礼仪，教师在进行技能教学时，应该将礼仪文化贯穿在课程始终，教会学生做人，培养学生正确的人生观、价值观，树立学生强身健体、享受乐趣、锤炼身心、完善人格的体育意识。

（一）服饰

软式曲棍球比赛服装主要以短袖、短裤为主，再加上齐膝长袜以及室内场地专用运动鞋。可以使用护腿板，但是护腿板必须包裹在袜子里面，不能裸露出来。女生也可以穿连体运动裙和打底裤，但是打底裤颜色只能是黑色或不同于服装的颜色。球衣号码必须同时印在T恤衫的正面和反面，短裤不必印号码，着装上可以加印赞助商的广告（图 3-66）。裁判也身着短裤、短袖，衣服颜色可以不同，但是短裤必须是黑色（图 3-67）。守门员必须穿护具，戴头盔。

图 3-66

图 3-67

（二）赛前仪式

比赛正式开始前第 8 分钟，双方球队在各自队长的带领下，从球员通道按照号码顺序依次进入比赛场地，如果没有球员通道，则从替补席附近进入场地（客队优先）。入场后，两队球员和裁判员站成一排面向主席台（裁判员站中间），向观众致意（图 3-68）。接着播放双方球队国歌（客队优先），奏唱国歌结束后，全体球员下场准备。比赛开始前第 2 分钟，宣布双方球队先发阵容（客队优先），守门员第一个上场，先发球员上场做好准备后，比赛正式开始。

（三）赛后仪式

比赛结束 2 分钟后，双方球员重新上场，在中场面对面排成两路纵队候场。主持人宣布双方球队本场最佳球员名单（客队优先），获奖球员走到中间领奖。领奖结束后，双方队长互相握手致谢（主队优先），然后在队长的带领下，两队球员之间依次互相进行致谢，如有必要本队球员之间也可互相击掌致谢。最后向裁判致谢后快速离开比赛场地，比赛正式结束（如果该场比赛

图 3-68

是整个赛事的最后冠亚军决赛，还将进行颁奖仪式）。

二、软式曲棍球赛事流程

为让读者更好地了解标准国际比赛的办赛流程，熟悉相关内容，下面介绍办赛的完整流程范例，包括赛事的开、闭幕式以及每一场比赛开赛之前和比赛结束之后的一些小型仪式。为了使赛事更加规范化，赛前必须进行精心策划并将整个仪式流程通知到每个参加仪式的人，特别是要通知到参赛球员。

（一）赛事组委会的任务和职责

1. 赛事活动举办之前

• 详细计划好开幕式流程。

• 根据赛事计划表做好赛前倒计时准备工作。

• 计划好每场比赛都要举行的仪式。

• 做好闭幕式计划，包括颁奖仪式。

• 做好各仪式流程计划，报国际软式曲棍球联合会（IFF）或赛事主办方审批并获得批准。

2. 赛事活动举办期间

• 在进行大型仪式之前，将仪式所有相关信息和资料发送至竞赛官员、场地工作人员、领队、参赛球员、裁判、现场播音主持、IFF 官员和工作人员、电视和媒体等相关人员。

• 在举行领队会或赛前技术会议时将仪式详细流程告知与会人员。

• 全程对仪式进行指导。

• 如果有必要对仪式进程时间进行更改，应及时通知相关人员。

3. 每场比赛前

• 确保举行仪式所需物资都准备就绪，如队旗、裁判旗。

• 将举行仪式的相关信息张贴在更衣室门口。

• 确保播音主持人拥有球队完整名单、球队首发名单以及场上执法裁判员名单。

• 确保调音师按照正确的顺序播放正确的国歌。

• 组织专业人员（数据统计团队、贵宾等）进行“最佳运动员”评选，并将评选结果在比赛结束前至少提前 3 分钟通知播音主持人。

• 在恰当的时间提醒球队和裁判员进入仪式举行场地。

4. 每场比赛期间

• 在比赛中断期间，确保表演人员能及时出现在合适的场地中间进行表演。

• 确保比赛结束时，本场比赛最佳运动员奖牌或奖品放置在记录台。

• 如有必要，指定专人在比赛结束前 2 分钟将奖牌或奖品送到比赛场地。

• 对领奖人员进行一定的指导。

• 通知播音主持获奖球员的姓名以及所获奖项。

5. 注意事项

• 严格按照原计划所制定的时间表进行。

• 主持人全面掌控仪式进程，确保主持人手头的时间表和流程表正确无误。

• 如果涉及电视转播，必须确保整个仪式按既定时间表进行。

（二）赛事开幕式简易流程

参赛国国旗和裁判员进场→主办方致辞→东道主致辞→IFF 官员或主办方官员致欢迎词并宣布比赛开幕→文化表演→开幕式结束→比赛开始。

（三）颁奖仪式

1. 任务和职责

（1）基本框架

• 在所有 IFF 主办的赛事中，颁奖仪式通常在决赛以后举行，包括铜牌争夺战。

• 如果要进行全明星球队选拔，全明星球员授予仪式必须在冠军颁奖仪式之前进行。

• IFF 将提供基本的颁奖仪式框架供承办单位使用。

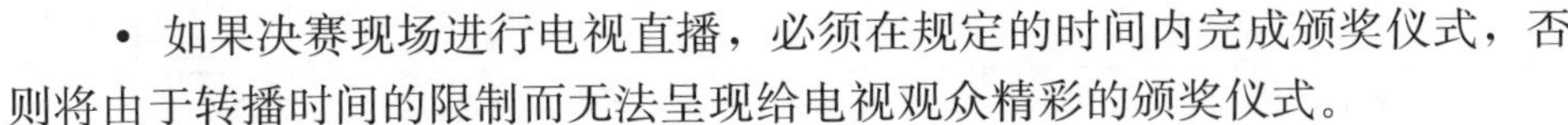

• 如果决赛现场进行电视直播，必须在规定的时间内完成颁奖仪式，否则将由于转播时间的限制而无法呈现给电视观众精彩的颁奖仪式。

（2）颁奖仪式构建

• 重要的基本原则是一定要有来自 IFF、东道主、组委会、赞助商的特别代表出席颁奖仪式。

• 一般而言，颁奖仪式的时间主要受获奖球员和颁奖官员的出场时间所影响。

• 尽管事先工作人员会对参加领奖的运动员做多次的指导，但是运动员往往会因为过于激动或兴奋而忘记他们应该站的位置，导致现场的混乱。

• 现场播音主持起主导作用，能控制整个流程按照既定的方案顺利进行。

• 在进行整个颁奖仪式时间安排时，必须留有一定的余地。

（3）颁奖仪式主要内容

• 颁发最佳运动员奖项。
• 颁发最佳裁判员奖项。
• 宣布全明星球队和最有价值球员并进行颁奖。
• 为第二名球队颁发银牌。
• 为第二名球队颁发奖杯。
• 为冠军球队颁发金牌。
• 为冠军球队颁发奖杯。
• 现场演奏或播放获得冠军球队国家国歌。
• 媒体为获奖球队进行拍照 。

（4）相关仪式安排表

每场比赛的相关仪式安排时间表应该一致。球员通过对相关仪式安排表的熟悉，明白和理解他们所要做的事情，有助于整个比赛的顺利进行。

具体的时间安排表应该在第一次技术会议或领队会议上予以说明，并印发在球队手册上，张贴在球队更衣室门上。表 3-1 展示了赛前具体时间安排，表 3-2 展示了赛后具体时间安排，表 3-3 展示了决赛后具体时间安排。

表 3-1　赛前具体时间安排表

距比赛开始时间（分钟）	内容
45	前一场比赛结束后开始进行准备活动
15	准备活动结束（鸣哨或其他方式示意）
8	球队准备入场。国旗在前，队长带领其他球员按号码顺序入场

（续表）

距比赛开始时间（分钟）	内容
7	双方球队和裁判员进入竞技场地（挡板里面），并进行挑边
6	奏国歌（客队优先）
3	参赛球队做好最后开赛准备
2	宣布双方球队先发阵容（客队优先）
0	裁判鸣哨，比赛正式开始

表 3-2　赛后具体时间安排表

比赛结束后（分钟）	内容
0	比赛结束
2	双方球队在中场附近面对面排好队伍
3	宣布本场双方球队最佳运动员获得者（客队优先），播放最佳运动员照片
4	双方队长相互致谢（主队优先）
5	双方球队球员相互之间握手
6	双方球队通过中场快速离开场地

表 3-3　决赛后具体时间安排表

决赛结束后（分钟）	主持人	内容
0		比赛结束
2		双方球队在各自半场排好队伍
3	LOC	本场比赛双方球队最佳运动员颁奖（客队优先），播放最佳运动员照片
4	IFF 裁判	颁发决赛最佳裁判奖章，播放最佳裁判照片
5	IFF 评审委员会主任和 LOC	宣读全明星球员名单，颁发奖金，播放全明星照片
7	IFF	宣读最有价值运动员并颁发奖金
8	IFF 贵宾和 LOC	亚军球队队长领奖，球员接受奖牌，和获胜球队握手

（续表）

决赛结束后（分钟）	主持人	内容
10	IFF 贵宾	队长返回颁奖台领取奖杯，球队可以通过混合区离开球场
11	IFF 主席和 LOC	冠军球队队长带领球员领受奖牌
13	IFF 主席	冠军队队长返回颁奖台领取奖杯，全体冠军球员站在标识牌后面，播放冠军球队照片
14		演奏冠军球队国家国歌
15～20		冠军球队通过混合区离开球场

三、运动技能评价

为了便于读者检验运动技能教学效果，还设计了评价方法，以评价练习者掌握运动技能程度。该评价方法为范例，练习者也可根据自身训练情况设计更加有针对性的评价方法。

（一）基本控球技术

1. 拍球

器材及场地要求：必须使用标准软式曲棍球球杆和球，身着运动装，在标准的软式曲棍球场地地面进行，地面以实木或塑胶铺设。

评价方法：限时 1 分钟，测试开始前，球首先静置在地面上，球拍轻压在球上。鸣哨后，计时开始，参赛选手需要用球杆的拍头将放置在地面上的球挑起，抛向地面，然后用球杆拍头连续拍球，计算限定时间内，拍球完成的数量。动作演示见二维码视频 3-29。

视频 3-29

动作要求：拍球时必须保持正确的握杆姿势，即双手握在球杆的手柄处，不得握短杆或单手握杆。在规定时间内，拍球中断后，可将球挑起继续进行拍球，累计个数。不得用手捡球，否则扣除 2 个有效次数。

评价标准：男女生拍球技术评价标准见表 3-4。

表 3-4　拍球技术评价标准

等级	男生（个数）	女生（个数）
A+	150 以上	140 以上
A	130～149	120～139
B+	110～129	100～119

（续表）

等级	男生（个数）	女生（个数）
B	90～109	80～99
C+	70～89	60～79
C	50～69	40～59
D+	40～49	30～39
D	30～39	20～29
E+	20～29	10～19
E	0～19	0～9

2. 颠球

器材及场地要求：必须使用标准软式曲棍球球杆和球，身着运动装，在标准的软式曲棍球场地或者空旷的场地进行。

评价方法：限时 1 分钟，测试开始前，球首先静置在地面上，球拍轻压在球上。鸣哨后，计时开始，参赛选手需要用球拍将放置在地面上的球挑起，抛向地面，然后用球杆拍头的立面或正拍面（允许球杆其他部位触球，但不计入次数）连续颠球，次数多者为胜；若颠球中断时球未弹起，则不计入总次数。动作演示见二维码视频 3-30。

视频 3-30

动作要求：颠球时必须保持正确的握杆姿势，即双手握在球杆的手柄处，不得握短杆或单手握杆，颠球必须用拍头立面或正拍面（凹面），不得使用反拍面，不得使用拍头为平面的球杆，否则成绩无效。在规定时间内，颠球中断后，可将球挑起继续进行拍球，累计个数。不得用手捡球，否则扣除 2 个有效次数。

评价标准：男女生颠球技术评价标准见表 3-5。

表 3-5　颠球技术评价标准

等级	男生（个数）	女生（个数）
A+	90 以上	80 以上
A	80～89	70～79
B+	70～79	60～69
B	60～69	50～59
C+	50～59	40～49
C	40～49	30～39

（续表）

等级	男生（个数）	女生（个数）
D+	30～39	20～29
D	20～29	10～19
E+	10～19	5～9
E	0～9	0～4

3. 原地运球

器材及场地要求：必须使用标准软式曲棍球球杆和球，身着运动装，在标准的软式曲棍球场地或者空旷的场地进行，地面以实木或塑胶铺设，运球区域贴有明显 20 厘米距离的标志线。

评价方法：测试开始前，将球置于身体正前方，并放于标志线一侧，双手握杆，拍头贴住球。限时 1 分钟，鸣哨后，参赛者使用球拍的正、反拍面拨球并进行左右直线往返运球，每次左右运球距离不低于 20 厘米，正、反拍面各完成一次运球计算为完整一次。计算限定时间内运球完成的个数。动作演示见二维码视频 3-31。

视频 3-31

动作要求：运球距离不得少于 20 厘米，即每次运球都要越过标志线，少于 20 厘米，则运球次数无效。必须保持正确的握杆姿势，即双手握在手柄位置，否则不予计算次数。在规定时间内，运球中断时，可将球用球杆捡回继续进行运球，累计个数。

评价标准：男女生原地运球技术评价标准见表 3-6。

表 3-6　原地运球技术评价标准

等级	男生（个数）	女生（个数）
A+	90 以上	80 以上
A	80～89	70～79
B+	70～79	60～69
B	65～69	55～59
C+	60～64	50～54
C	55～59	40～49
D+	50～54	30～39
D	30～49	20～29
E+	20～29	10～19
E	0～19	0～9

（二）移动运球技术

1. 曲线绕杆运球

器材及场地要求：运动员必须使用标准软式曲棍球球杆和 IFF 认证比赛用球，身着运动装，运球地面平整，运球区域为长 20 米，宽度不限的矩形区域，距离起点每隔 2 米设置一个标志桶（高度不低于 18 厘米）或标志杆，总共设置 8 个标志桶或标志杆，起点距离第一个标志杆 2 米，射门点距离球门线 4 米。

评价方法：鸣哨后，计时开始，同时运动员从起点开始运球，依次绕过每个标志桶或标志杆，在射门点之前将球射进球门，球越过球门线，计时结束。计算完成时间。

动作要求：运动员必须使用双手握杆运球，且绕过每一个标志桶或标志杆，球打入球门计为有效成绩。运球绕杆过程中不得触碰或漏过标志桶或标志杆，每触碰一次总成绩加 0.5 秒，每漏过一个总成绩加 1 秒。参赛选手及球出发前不得越过起点，射门必须在射门点之前完成，否则无效。

评价标准：男女生曲线绕杆运球技术评价标准见表 3-7。

表 3-7　曲线绕杆运球技术评价标准

等级	男生	女生
A+	6″3 以下	7″5 以下
A	6″4～6″8	7″4～7″8
B+	6″9～7″3	7″9～8″3
B	7″4～7″8	8″4～8″8
C+	7″9～8″3	8″9～9″3
C	8″4～8″8	9″4～9″8
D+	8″9～9″3	9″9～10″3
D	9″4～9″8	10″4～10″8
E+	9″9～10″3	10″9～11″3
E	10″4～10″8	11″4～11″8

2. 直线运球折返跑

器材及场地要求：运动员必须使用标准软式曲棍球球杆和 IFF 认证比赛用球，身着运动装，运球地面平整。从起点标志线开始，每隔 4 米放置一个标志桶或标志杆，共摆放 4 个标准桶，成直线摆放并且和标志线成 90°垂角，总距离为 16 米，运球区域为长 20 米，宽度不限的矩形区域。

评价方法：鸣哨后，计时开始，同时运动员从起点开始运球，绕过第一个标志桶后运球回到起点，再次从起点出发，运球绕过第二个标志桶后返回，依次类推，直至完成最后一个绕桩后返回起点，计时停止。计时评分。

动作要求：运动员必须使用双手握杆运球，且球拍始终保持和球的距离不超过 5 厘米，绕过每一个标志桶或标志杆返回起点脚触线。运球绕杆过程中不得触碰或漏过标志桶或标志杆，每触碰一次总成绩加 0.5 秒，每漏过一个总成绩加 1 秒。测试者及球出发前不得越过起点，每一次运球返回到起点必须脚触出发线，否则总成绩加 0.5 秒。

评价标准：男女生直线运球折返跑技术评价标准见表 3-8。

表 3-8 直线运球折返跑评价标准

等级	男生	女生
A+	26″以下	29″以下
A	26″1～27″	29″1～30″
B+	27″1～28″	30″1～31″
B	28″1～29″	31″1～32″
C+	29″1～30″	32″1～33″
C	30″1～31″5	33″1～34″5
D+	31″6～33″	34″6～36″
D	33″1～34″5	36″1～37″5
E+	34″6～36″	37″6～39″
E	36″1～38″	39″1～41″

(三) 传接球技术

1. 原地传接球

器材及场地要求：参加测试者必须使用标准软式曲棍球球杆和 IFF 认证比赛用球，身着运动装，场地平整，双方传接球距离 5 米，并贴上明显的标志线。

评价方法：测试开始前，测试者 2 人一组，相距 5 米相向而立，持球选手将球放置在标志线上做好传球准备。限时 1 分钟，比赛用 1 个球，鸣哨后，计时开始，两名选手保持原地不动相互进行传接球。每一次成功的传接球，计算 1 次有效次数（即传球出去后，对方球员在第一时间成功接住球，否则计为无效次数），计算限定时间内传接球的个数进行评分。

动作要求：参加测试选手必须双手握杆进行传接球，传接球必须在标志线之后。在规定时间内，参加测试的选手如没有接住传球，可以用球杆将球捡回，继续进行传球，但该次传接球计为无效。

评价标准：男女生原地传接球技术评价标准见表 3-9。

表 3-9 原地传接球技术评价标准

等级	男生（个数）	女生（个数）
A+	60 以上	55 以上
A	55～59	50～54
B+	50～54	45～49
B	45～49	40～44
C+	40～44	35～39
C	30～39	30～34
D+	20～29	20～29
D	18～19	18～19
E+	16～17	16～17
E	0～15	0～15

2. 迎面传接球接力

器材及场地要求：参赛者必须使用标准软式曲棍球球杆和 IFF 认证比赛用球，身着运动装，场地平整，双方传接球距离 5 米，并贴上明显的标志线（图 3-69）。

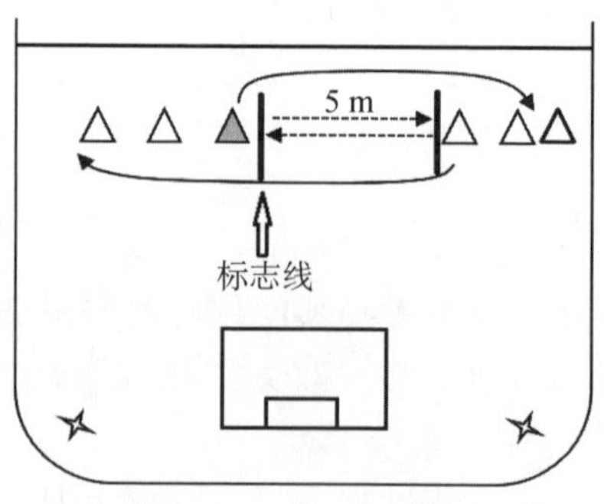

图 3-69 迎面传接球接力

评价方法：测试开始前，测试者分成 A、B 组，每组 3 人，排成两路纵队，相距 5 米相向而立，持球选手将球放置在标志线上做好传球准备。限时 1 分钟，比赛用 1 个球，鸣哨后，计时开始，同时持球选手将球传向对面选

视频 3-32

手并跑至对面队伍后方，对面选手接球后再将球回传给对面下一位选手并跑向对面队伍后方，依次进行，每一次成功的传接球，计算 1 次有效次数，计算限定时间内传接球的个数进行评分。动作演示见二维码视频 3-32。

动作要求：参加测试选手必须双手握杆进行传接球，传接球必须在标志线之后。选手传球后必须跑向对方队伍后方列队，不得连续传球，否则该选手传接球次数无效。在规定时间内，参加测试的选手如没有接住传球，可以用球杆将球捡回，继续进行传球，但该次传接球计为无效。

评价标准：男女生迎面传接球接力技术评价标准见表 3-10。

表 3-10　迎面传接球接力技术评价标准

等级	男生（个数）	女生（个数）
A+	55 以上	50 以上
A	50～54	45～49
B+	45～49	40～44
B	40～44	35～39
C+	35～39	30～34
C	30～34	25～29
D+	25～29	20～24
D	20～24	15～19
E+	15～19	10～14
E	0～14	0～10

（四）射门技术

1. 定点射门

器材及场地要求：参赛者必须使用标准软式曲棍球球杆和 IFF 认证比赛用球，标准比赛用球门（规格为 115 厘米×160 厘米×60 厘米），身着运动装，场地平整，以球门线正前方 10 米处为中点画好标志线，距离中点左右每隔 1 米画一个标志点，每个标志点与球门线中点距离都为 10 米，总共画 9 个标志点，标志点前方预留 0.5 米的缓冲区（图 3-70）。

评价方法：鸣哨后，测试者在限定时间内将位于球门前方成扇形摆放固定点位的球打进球门，总共 9 个球，按照进球数计算得分，射门方法不限。限定时间 30 秒，总共进行两轮射门，计算两轮射门的总个数。

动作要求：射门必须在标志点或者缓冲区之前完成，过线射门，不计算个数。必须是空中球打进球门，地滚球不计算个数。击中门柱算有效个数。

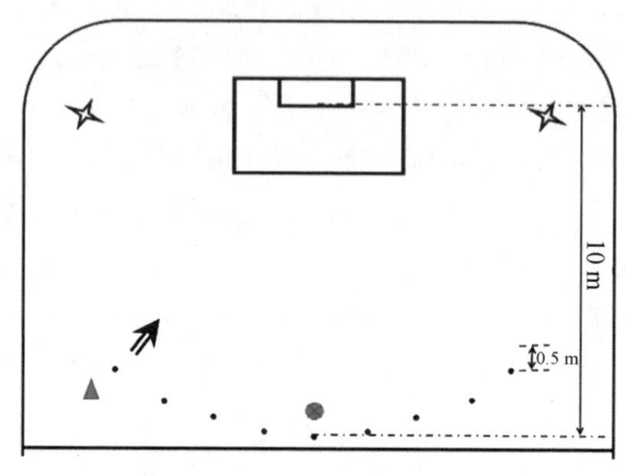

图 3-70　定点射门

评价标准：男女生定点射门技术评价标准见表 3-11。

表 3-11　定点射门技术评价标准

等级	男生（个数）	女生（个数）
A+	15	14
A	14	13
B+	13	12
B	12	11
C+	11	10
C	10	9
D+	9	8
D	8	7
E+	7	6
E	6 个以下（含）	5 个以下（含）

2. 接球后运球移动射门

器材及场地要求：参赛者必须使用标准软式曲棍球球杆和 IFF 认证比赛用球，标准比赛用球门（规格为 115 厘米×160 厘米×60 厘米）且被一根绳子或标尺平均一分为二，左边半个门为 1 区，右边半个门为 2 区。身着运动装，场地平整，球门线正前方 8 米处，正对球门中间位置画好规格为 2 米×4 米的缓冲区（矩形底边距离球门线 8 米），球员在球场中点位置准备接考官的传球，接球后向前运球移动数米，在缓冲区内任何位置选择射门，射门后测试结束（图 3-71）。

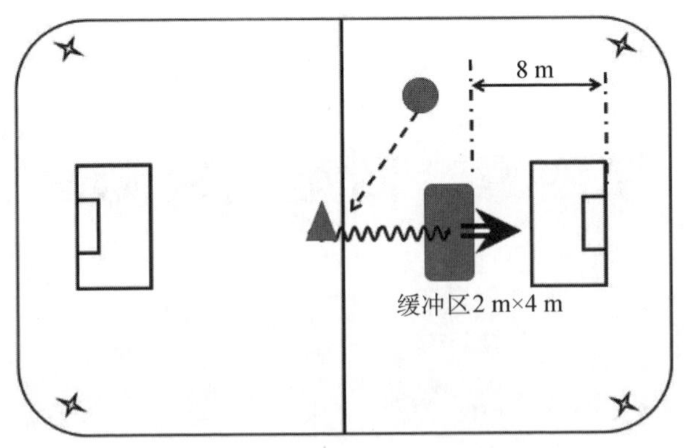

图 3-71　接球后运球移动射门

评价方法：测试者接考官传球后运球移动 3～5 米，在指定标志线前射门，将球打进球门指定位置（1 区或 2 区），射完门后，回到起始位置接下一个传球，继续运球移动进行射门，直至完成所有射门，总共 9 个球，射中指定区域得 2 分，射偏但是在大球门范围内得 1 分，射偏不得分，计算 9 次射门总得分，限定时间 1 分 30 秒。

动作要求：必须先停好考官的传球，然后再运球向前移动进入缓冲区。可以选择任何射门方式，但不得越过缓冲区进行射门，否则进球无效。必须射向指定的球门分区，必须空中球进入球门，地滚球无效，如果击中中间的绳子或标尺，计得 2 分。

评价标准：男女生接球后运球移动射门技术评价标准见表 3-12。

表 3-12　接球后运球移动射门技术评价标准

等级	男生（分）	女生（分）
A+	12	10
A	11	9
B+	10	8
B	9	7
C+	8	6
C	7	5
D+	6	4
D	5	3
E+	4	2
E	1～3	1

第四章　四至九级测试

第一节　主要技术动作

七至九级作为青少年软式曲棍球技能等级测试的高阶部分，其技术动作是前面几个级别动作的组合升级，具有相同的技术特点，即体现高超的运球变向能力、射门能力，因此本书不再另起章节，统一放在本章节一并介绍。

一、移动运球快速变向绕障碍物

移动运球快速变向绕障碍物又称作“U”形转弯快速绕障碍物，是移动直线绕障碍物技术动作的升级版，对身体协调性、柔韧性、灵敏性以及控球技术都有极高的要求，是正反拍面控球复杂技术与身体结合的高度体现，是高级练习者必须要掌握的技能之一。具体是指球员在运球移动过程中，运用球杆带球连续进行多个正向和反向“U”形急转弯，并无接触绕过多个障碍物，同时保持对球完全控制的完整过程。通常以同等条件下，通过相同距离和障碍物时的耗时情况和控球动作熟练程度来判断球员技术动作掌握的熟练程度。

视频 4-1

运球移动，即将变向的瞬间（正手位变向），身体重心向右侧下移，右脚迅速启动，同时左手腕发力加速运球，顺时针迅速画弧线。双手紧握球杆，画弧线的瞬间，左手腕内旋扣住球，避免丢球。反手位变向绕障碍物时，右手控制拍头方向，身体重心左侧下移，反拍面阻挡球并且大幅缩小球的移动轨迹。目视移动方向，眼睛不可盯着球。动作演示见二维码视频 4-1。

易犯错误

a. 转体以及身体重心下降不够，导致变向角度不够

b. 正手位变向时，球的运行速度过慢，没有超过身体转体的速度

c. 反手位变向时，球的移动轨迹过大，导致变向速度下降

d. 变向时眼睛盯着球，转体时碰到障碍物
e. 动作不协调，对距离的判断不准确，导致动作不连贯

纠正方法

a. 先单个动作练习，多做左右变向
b. 加强手腕控球能力，提高球弧线运动时的控制能力
c. 多进行运球折返跑练习，提高球杆和身体配合协调能力

二、移动“二过一”传接球

移动“二过一”传接球是模拟比赛中两名球员之间相互配合传球，突破对方单后卫防守的技术动作。由于软式曲棍球的比赛场地是由高 50 厘米且具有相当弹性的挡板圈围而成，因此，在靠近挡板附近，单个球员也能利用挡板作为传接工具实现传球过人。在标准测试中，该技术动作是指球员在球场靠近挡板一侧运球移动遇到障碍物时，通过精准传球给挡板，借助挡板的反弹绕过障碍物并在预设位置再次拿到球的完整过程。要求控球球员根据自身位置，在朝挡板进行传球时精确计算传球的力度和角度，以便实现反弹过人的传球目的。

目视障碍物，传球前控制好球，做好传球准备。精准计算角度，正手位手腕发力快速传球，尽量传地滚球。传球后迅速朝传球反方向斜前方移动，绕过障碍物。反拍传球时使用击打的反式，增加传球力度。

易犯错误

a. 传球角度和力度不够，造成传球没绕过障碍物，或者角度太大，失去对球的控制
b. 传球太高飞出挡板，导致失误
c. 身体移动动作过慢，动作不协调
d. 反拍面击球时，动作太大，形成高杆犯规

纠正方法

a. 原地对挡板进行传接球练习，体会不同角度传球反弹的位置
b. 尽量传地滚球，避免出现高球失误
c. 练习无球状态下，快速移动变向绕障碍物，体会步法和身形的变化

三、移动指向射门

移动指向射门基本技术要求与移动中射门相同，只是要求练习者在技术运用上更为成熟，射门的精准度更高，需要通过不断地训练才能达到相应的要求。在上一章节中，我们已就如何提高射门技术、力度和精准度进行了详细介绍，本章就不多做累述。

四、直线运球往返（身体方向不变）

直线运球往返是在直线运球移动基础上增加后撤步运球，主要运用于进攻中的运球前移遇阻后的快速回撤，在本方半场寻求支援，能够有效护球和规避风险的重要防守技术动作，它和移动前移动作共同构成了完整的前后移动技术动作链。具体是指球员在直线运球前移遇阻后，采用急停、控球、拉球、横向移动等技术动作绕过障碍物进行快速后撤步移动，双手握杆运球并全程保持拍头对球的有效接触和控制，目视前方，余光观察后方情况，以最快的速度完成一定的移动距离。

视频 4-2

前移转急停时，身体方向保持不变，横向移动绕过障碍物，移动过程中身体重心下移，目视前方，余光扫视球。保持正确的握杆方式，拍头斜方向内侧拨球，拍头略向内侧倾斜与地面保持一定的角度回拨。后撤步注意步法，不能交叉，以免互相羁绊。动作演示见二维码视频 4-2。

易犯错误

a. 身体重心过高，眼睛盯着球

b. 单手握杆，球的位置过于靠前，失去对球的控制

c. 后撤步法凌乱，失去重心

纠正方法

a. 掌握正确的双手握杆运球方法

b. 运球练习时目视移动方向，多靠拍头感知球的位移

c. 加强无球状态下双手持杆后撤步法练习

五、移动运球“8”字绕障碍物

移动运球“8”字绕障碍物是多个快速“U”形转弯绕障碍物的连续动作，是移动绕障碍物技术动作的升级版，对身体协调性、柔韧性、灵敏性以及控球技术都有极高的要求，是正反拍面控球复杂技术与身体结合的高度体

现，是高级练习者必须要掌握的技能之一。具体是指球员在运球移动过程中，运用球杆带球连续在两个障碍物之间进行多个正向和反向“U”形急转弯来回往返，同时保持对球完全控制的完整过程。

反手位变向绕障碍物时，右手控制拍头方向，身体重心左侧下移，反拍面阻挡球并且大幅缩小球的移动轨迹。目视移动方向，眼睛不可盯着球。动作演示见二维码视频 4-3。

视频 4-3

易犯错误

a. 转体以及身体重心下降不够，导致变向角度不够
b. 正手位变向时，球的运行速度过慢，没有超过身体转体的速度
c. 反手位变向时，球的移动轨迹过大，导致变向速度下降
d. 变向时眼睛盯着球，转体时碰到障碍物
e. 动作不协调，对距离的判断不准确，导致动作不连贯

纠正方法

a. 先单个动作练习，多做运球转身练习
b. 加强手腕控球能力，提高球弧线运动时的控制能力
c. 多进行原地运球折返跑练习，提高球杆和身体配合协调能力

六、移动精准射门

移动精准射门基本技术要求与移动中射门相同，只是要求练习者在技术运用上更为成熟，射门的精准度更高，需要通过不断地训练才能达到相应的要求。在上一章节中，我们已就如何提高射门技术、力度和精准度进行了详细介绍，本章就不多做累述。

第二节　教学建议

一、教学步骤

本章教学步骤核心内容与上一章无显著差异，只是在授课对象上略有不同，学习本章技术动作的练习者，基本已掌握一定的软式曲棍球技能，具备了一定的专项身体条件，熟悉软式曲棍球的主要规则，也有相当的实践比赛体验，对规范的教学流程也具备一定认知，因此，教学过程中可以把重点放在如何改善和提高技能方面，并在比赛中加以运用。

二、学练方法

(一) 技能学练方法

1. 移动运球"U"形转体

(1)"Z"形移动运球绕障碍物：提高运球转体能力，发展身体协调性，提高快速变向控球能力，提高灵敏性和反应能力。如图 4-1 所示，练习者从起点持球，做好出发准备，每个障碍物相距 2 米分别成 45°角摆放。听到口令后，练习者运球从起点出发，绕过每个障碍物，直至绕过最后一个障碍物。运球移动过程中，正反拍面轮换。

图 4-1 "Z"形移动运球绕障碍物

在进行快速变向时，身体重心下移，支撑脚首先做紧急制动，身体向变向的方向倾斜。正手位快速做大弧线划圈，反手位拍面竖立，控制球小弧度转向。变向时，身体位移动作要大，目视移动方向，用最快速度通过障碍物。

(2) 三角移动变向绕障碍物：提高运球转体能力，发展身体协调性，提高快速变向控球能力，提高灵敏性和反应能力。如图 4-2 所示，练习者持球从起点开始做好出发准备，3 个障碍物（高度 50 厘米以上）分别相距 5 米成等边三角形摆放。听到口令后，练习者正手位运球出发，顺时针方向移动，经过每个障碍物时，做运球变向快速绕过障碍物，控制好球，继续加速前进。回到起点后，改变移动方向，逆时针运球移动，用反拍面做变向控制球。

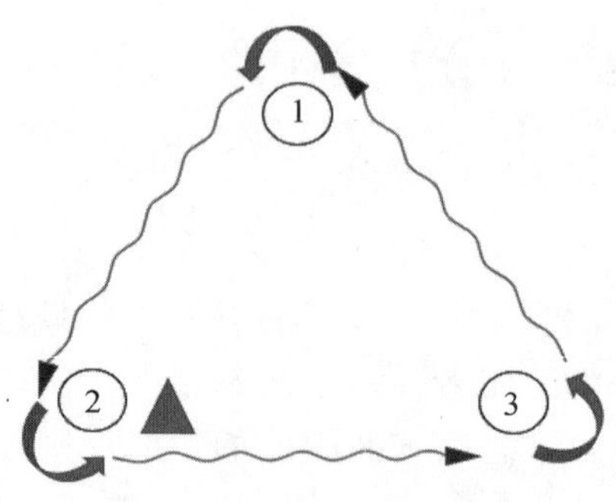

图 4-2 三角移动变向绕障碍物

保持手腕对球的控制，练习者做正向变向转体时，身体重心朝内侧下压并倾斜。目视移动方向，正手位转体时，运球速度要快，反手位转体时，反拍面竖立，控制球的移动。目视移动方向，不能盯着球看。

（3）四角移动绕障碍物：提高移动变向运球能力，发展身体灵敏性，提高加速变向能力。如图 4-3 所示，练习者持球站在 1 号位准备，五个点位分别摆上高度超过 50 厘米的障碍物，四个点位之间相距 5 米成正方形，5 号障碍物摆在中间。听到口令后，练习者直线运球出发逆时针绕过 2 号障碍物，继续运球顺时针绕过 5 号障碍物，往 3 号障碍物运球移动。逆时针绕过 3 号障碍物，继续直线运球前往 4 号，逆时针绕过 4 号后回到 5 号障碍物，最后斜线运球回到起点。

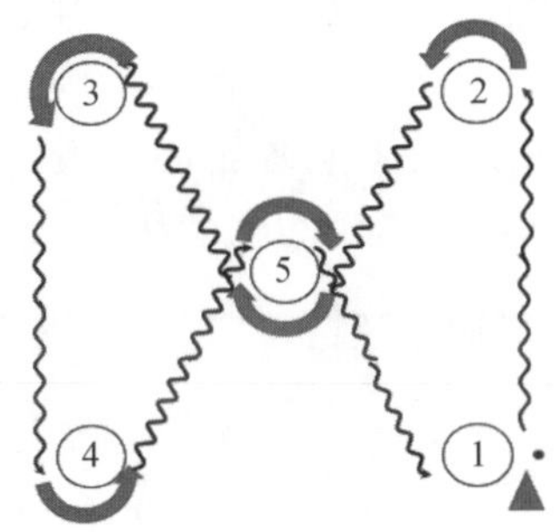

图 4-3　四角移动绕障碍物

运球做变向移动时，身体重心要先移动。正手位运球变向速度快，幅度大，反手位动作相反。目视移动方向，不可盯着球，动作不能脱节。

（4）“W”形运球转圈绕障碍物：提高移动变向运球绕障碍物能力，发展身体灵敏性，提高加速变向能力。如图 4-4 所示，练习者在 1 号位持球做好

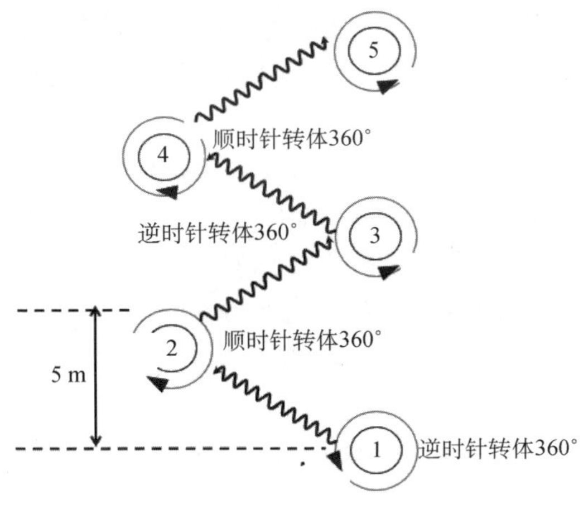

图 4-4　“W”形运球转圈绕障碍物

出发准备，其余几个标志桶成“W”形状摆放，每个标志桶之间距离 5 米。听到口令后，练习者运球出发，顺时针绕 2 号标志物 360°转圈，然后继续运球朝 3 号点位移动。经过 3 号标志物时，逆时针 360°绕标志物转圈，出圈后继续向 4 号标志物移动。在 4 号和 5 号标志物分别重复相同的动作，出 5 号标志物后，直线运球到 1 号位，结束完整练习过程。

运球绕障碍物时，必须连人带球一起绕过障碍物，完成 360°以上的弧线运动。正手位变向加速，反手位控制球的运行轨迹。目视移动方向，眼睛不看球。

2. 移动“二过一”传接球

（1）全场打挡板接反弹球练习：提高反弹球传接球能力，提高传球角度和力度判断能力，发展速度能力和反应能力。如图 4-5 所示，练习者持球距离场地挡板 2 米左右距离，做好出发准备。听到口令后，练习者运球出发，先运球一段距离再从斜方向 45°左右将球传向挡板，然后向前加速到前方接反弹球，接球后继续运球前行，重复相同的动作。

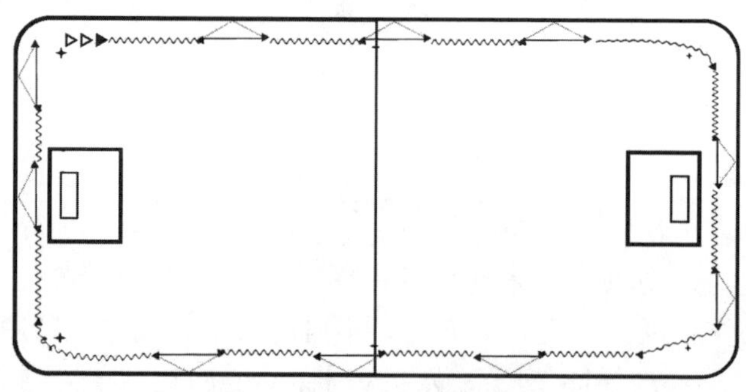

图 4-5 全场打板接反弹球移动

向挡板传球时，注意打板的角度和传球的力量，要确保能按预设的方向移动。传球尽量传地滚球，完成一次全场的跑位后，改变移动方向，即一圈逆时针、一圈顺时针确保正反手都得到练习。

（2）直线左右“二过一”传接球：提高反弹球的传接能力，提高移动精准传接球能力，提高反应能力。如图 4-6 所示，球员移动直线两侧每隔 4 米横着摆放一块挡板，挡板正前方 1 米处放置一个标志桶，挡板横向相距也是 4 米，练习者持球在中路做好出发准备。听到口令后，球员从起点出发，经过第一个挡板前，传球给挡板，然后向前移动接反弹球，不停球

图 4-6 “二过一”传接球

再次将球传向另外一侧的挡板，继续前移接反弹球，如此循环反复，直至经过所有挡板。

每次反弹球必须要绕过挡板前方的障碍物，因此要精确计算传球的角度，避免失误。使用球拍的正面和反面分别进行传接球。控制传球的力度，确保移动速度和传接球匹配。

3. 直线运球往返（身体方向不变）

后撤步运球：提高后撤步运球能力，提高防守位控球能力，发展身体协调性和平衡能力。如图 4-7 所示，球员背对移动方向做好出发准备，每隔 4 米摆放一个标志桶，呈弧线摆放，总共摆放 7～10 个标志桶。听到口令后，练习者背对移动方向进行后撤步运球，绕过每个障碍物后再原路直线运球返回。第二组练习时，先进行正对移动方向运球绕障碍物，返回后进行后撤步运球移动练习。

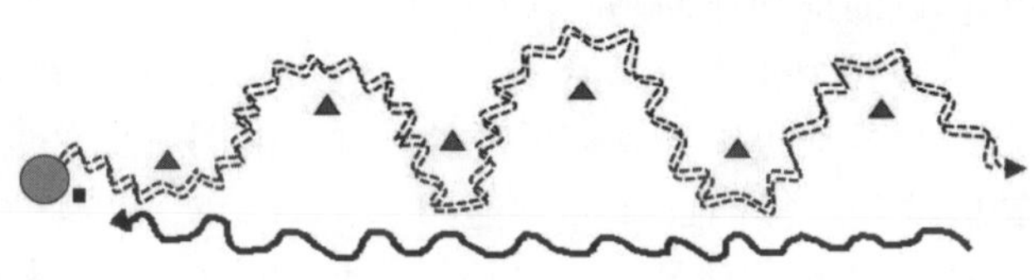

图 4-7　后撤步运球

整个移动过程身体始终保持一个方向，即后撤步运球和移动前行保持相同身体姿势。后撤步运球过程，眼睛余光观察周围情况，避免碰撞到障碍物。可以适当做左右的移动，注意后撤步的步法协调性。

4. 移动运球“8”字绕障碍物

由于移动绕“8”字练习动作多是各种变向动作的连续，前章已做相关练习介绍，基础练习如图 4-8，练习者可在此基础上进行各种变化练习。

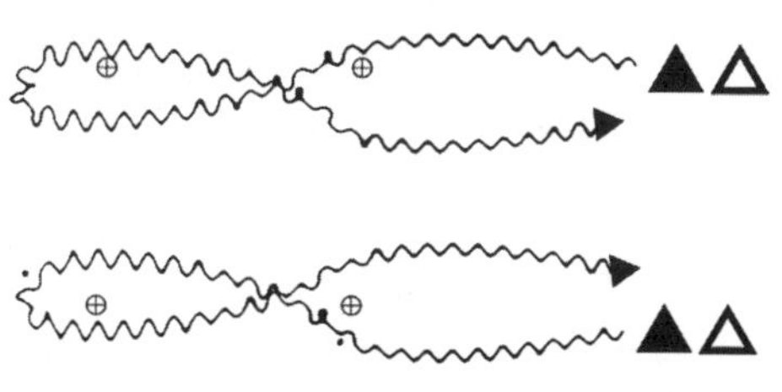

图 4-8　移动运球“8”字绕障碍物

（二）专项体能学练方法

1. 速度

（1）直脚跳冲刺跑：发展速度素质，提高加速跑技术。球员在场地上球门线原地站立，站立式起跑准备。听到口令后，向前跑动，跑动过程中保持双脚伸直，脚踝紧张，勾脚。保持直脚跳 10～15 米后，不要停下，躯干前倾，迅速再加速向前冲刺 10 米。

直脚跳时，用前脚掌快速触地，并迅速弹起，同时保持身体直立，不向后倾斜。全程保持躯干绷紧和直立状态，用力蹬地，双脚尽可能快速离地，用肩部带动摆臂。落地和加速冲刺动作不能脱节。

变化应用：可以在落地点前方不远处摆放球，冲刺过程中拿球再继续跑。可以将立定跳远换成原地高抬腿，然后接冲刺跑。

（2）俯卧撑转冲刺跑：发展速度素质，提高启动和加速冲刺能力。练习者原地呈俯卧撑姿势，双臂伸直，脚尖撑地，头部到脚踝和身体成一条直线。听到口令后，身体躯干姿势不变，左脚（右）向胸部方向高抬腿，完成动作后稍停顿片刻，然后回到起始位置，换腿继续进行。两腿各练习完成 3～4 次动作后，不停顿迅速向前加速冲刺跑 10 米。

俯卧撑时，身体整个要成一条直线，脚尖撑地，踝关节紧张。手臂保持伸直状态，提膝动作要靠近胸部。完成提膝加速冲刺时，要蹬地发力。

（3）四角转向冲刺：提高加速冲刺能力、急停变向能力，发展速度和灵敏性素质。如图 4-9 所示，球员在 1 号位做好出发准备，四周四个点位分别相距 5 米成正方形摆放。听到口令后，练习者从 1 号位出发向 2 号位置加速冲刺，到达 2 号位后急停转向冲刺回到 1 号位。回到 1 号位后，急停转向冲向 3 号位，到达 3 号位后立即急停转向，再次冲刺回到 1 号位，4 号位和 5 号位分别重复相同的动作，从 5 号位返回后，完整练习结束。

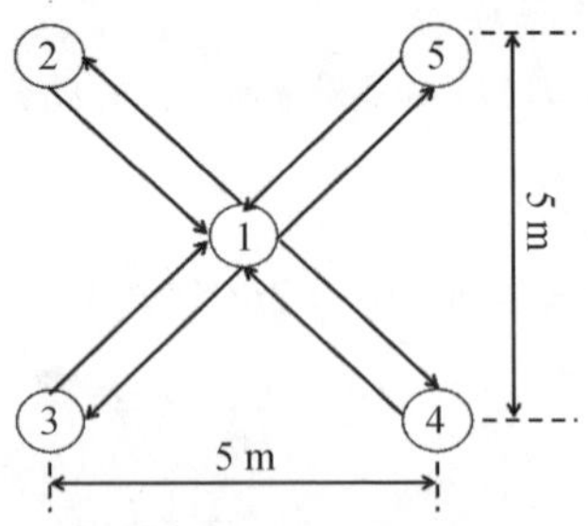

图 4-9　四角转向冲击

冲刺加速必须要全速，急停作原地转向时重心下降，减少冲击力。加速过程注意手臂摆动配合。

变化应用：在 2、3、4、5 号点位分别放置一个球，跑动过程中，练习者依次将球拿回放到 1 号位置。向 2、3、4、5 号点位冲刺，急停后不转身，采用后撤步的方式回到 1 号位。

（4）追逐赛：提高球员在有球状态下的加速冲刺能力，提高球员爆发力。如图 4-10 所示，球员手持球杆在起点做好冲刺准备，教练手持软式曲棍球做好抛球准备。教练将球抛向场地中间位置，练习者迅速冲刺追赶球，争取在球到达终点线之前用球杆拿到球。拿到球后，快速运球跑过终点，没拿到球则最快速度通过终点。

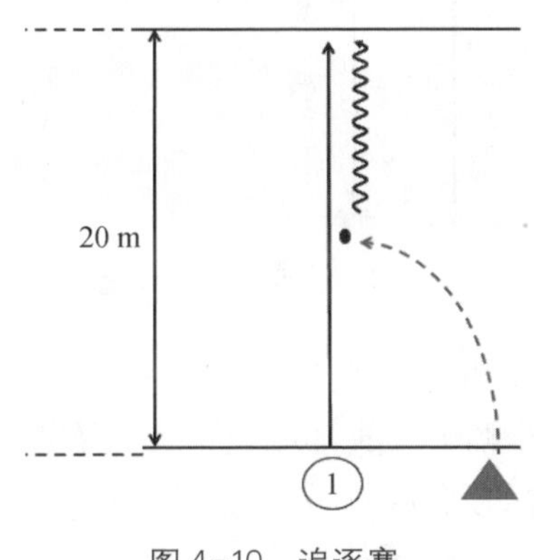

图 4-10　追逐赛

教练员抛球的力度和位置要适中，以球员全力以赴冲刺正好能够着为标准。球员跑动过程中，必须双手握住球杆，拿到球后，必须完全控制好后再运球移动。

变化应用：首先进行单人单球练习，熟悉后再进行多人单球练习，即教练员抛球，多名球员同时出发抢球，抢到者为胜利。教练可以改变球的运动方式，可以是地滚球、反弹球，也可以是高抛球。

（5）往返冲刺传接球：提高球员实战情境下加速能力、发展身体协调性和反应能力。练习者持球杆在起点做好准备，离起点 10 米距离画好传接球位置标志线，教练在传接球点附近 5 米左右做好传球准备。听到口令后，练习者加速冲刺，跑到传接球位置接教练的传球后，立即将球回传给教练，然后加速往回跑，跑到起点后再次转身返回加速冲刺到传接球点位接球再传球，如此循环反复 5 次为一组。

跑动过程中，始终保持双手握杆，面向传接球方向。赶在教练传球到位之前到达传接球位置并接好，准确回传。每次保持最快的跑动速度。

2. 灵敏

（1）连续变向冲刺滑步：发展急停、加速冲刺能力，提高横向移动和身体控制能力，发展灵敏性和反应能力。如图 4-11 所示，球员在起点做好出发准备，距离 1 号标志点 5 米，1 号标志点距离 2 号标志点 5 米。听到口令后，练习者从起点加速冲刺，到达 1 号标志点后急停。从 1 号标志点进行快速滑步移动到达 2 号标志点，再次急停，然后加速冲刺 5～10 米，完成本次练习。

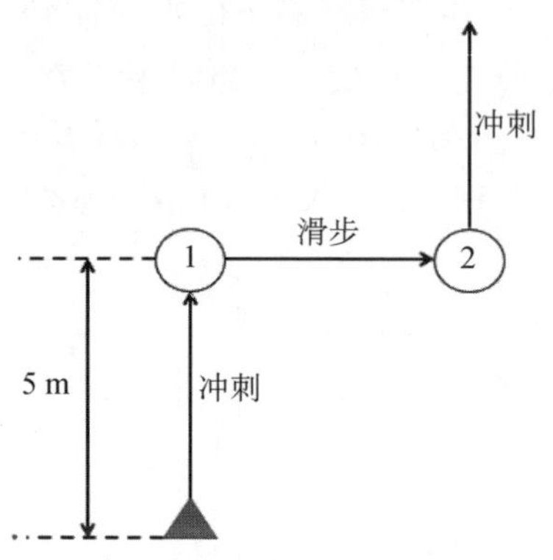

图 4-11　连续变向冲刺滑步

起点采用站立式起步方法，全程加速。急停换位时，身体重心要下沉，支撑脚用力撑地，滑步步幅大。头部端正，目光平视，身体保持平衡。

变化应用：在 1 号标志点放置一个球，冲刺到 1 号标志点先下蹲拿好球再进行滑步，滑步结束后，把球放置在 2 号标志点，再完成冲刺动作。在 1 号标志点和2 号标志点之间往返两次，增加左右滑步练习。可以将滑步改为交叉步或大跨步。

（2）斜线“W”形滑步移动：提高身体侧向移动能力，发展灵敏性和连续侧身步移动能力。如图 4-12 所示，练习者在起点侧身面对移动方向做好出发准备，每个点位之间相距 5 米并呈“W”形摆放。听到口令后，练习者滑步向 1 号标志点移动，到达 1 号标志点后，迅速侧身左侧滑步移动到 2 号标志点。重复前面的动作直至完成所有位置的滑步移动，完整练习结束。

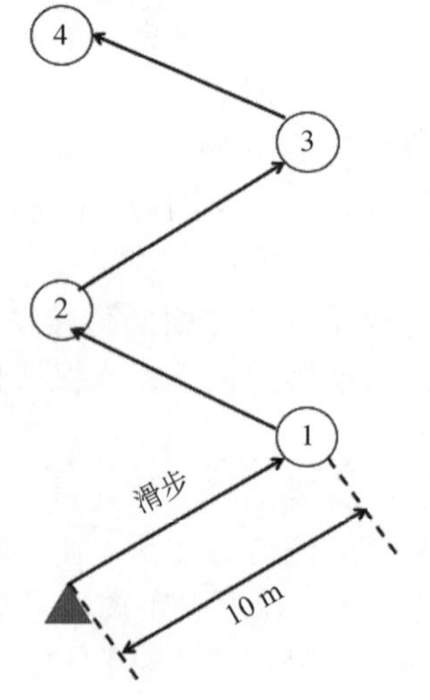

图 4-12　斜线“W”形滑步移动

保持正确的滑步姿势，侧身转向时，身体重心高度不变。保持动作的连贯性，中间不能停顿。目光平视，余光观察移动方向。

变化应用：在 1 号标志点和 3 号标志点各放置一个球，球员滑步到 1 号标志点，拿起球放置到 2 号标志点，移动到 3 号标志点时，再将球拿起，放置到 4 号标志点，原路返回重复相同的动作。采用不同步法，比如交叉步进行相同的路线练习。

(3) 多步法组合：提高多种步法组合移动的能力，发展身体灵敏性，提高对身体移动的控制能力。如图 4-13 所示，练习者在起点准备，距离 1 号标志点 5 米，其他点位分别相距数米呈“M”形摆放。听到口令后，练习者采用滑步（左/右）出发，到达 1 号位后进行斜向滑步移动至 2 号位置，继续转身进行斜向滑步至 3 号位，到达 3 号位后转身冲刺到 4 号位，最后转身横向滑步至 5 号位，完成整个练习。

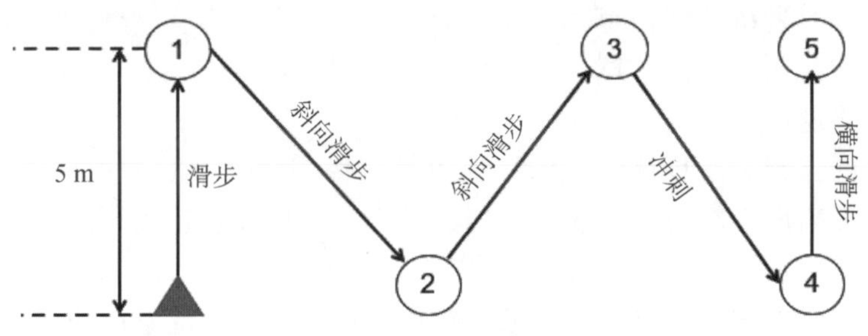

图 4-13　多步法组合

练习前首先熟悉移动路线及将要采用的移动步法。每个步法转换前不得停顿，保持动作的连贯性。

变化应用：更换两个点位中的步法，完成整个路线的移动。在每个点位做转体 360°，提高身体平衡能力和判断力。练习者手持球，在 2 号和4 号点位也放置一个球，在步法不变的前提下出发后将球放置在 1 号位，然后把 2 号位置的球移动到 3 号位，4 号位的移动到 5 号位。

(4) 绳梯向后转体跳：提高髋关节旋转能力、灵敏性、平衡能力、协调性以及反应能力。如图 4-14 所示，练习者背对移动方向，站在绳梯的第一格前方做好出发准备。听到口令后，向后逆时针转体 90°跳跃落在第二格，落地

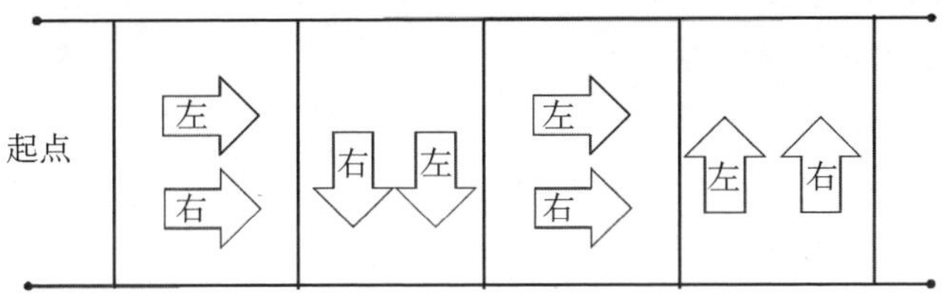

图 4-14　绳梯向后转体跳

后迅即起跳再转体 90°落在第三个格子里，依次类推，直至完成所有格子。

转体跳跃落地后保持双脚并拢，手臂可以张开保持平衡。目光平视，余光来感受位移。

变换应用：调整跳远转体的角度，从 90°调整为 180°。

(5) 绳梯之快速踏步后冲刺：发展身体灵敏性、平衡性、协调性，提高反应能力及不同动作衔接能力。绳梯放在球场底线附近，练习者正对绳梯方向，做好出发准备。听到口令后，练习者向前进行快速的踏步，每次单脚落在一个格子里。跑完所有格子后，立即向前加速冲刺 10～15 米距离。

掌握快速踏步的节奏，每次只能单脚踏进格子。目视前方，快速通过绳梯（初学者可先看绳梯格子）。出绳梯后，重心立即前倾，向前加速冲刺。

3. 反应

(1) 横向移动滑步传接球：提高练习者移动能力、反应能力和身体协调性。两名练习者持球杆相距 5 米面对面站立，两人共用一个球。听到口令后，两人进行相互之间的传接球，同时滑步横向移动。到达预定目标距离后，再传接球原路返回。

传球的位置偏滑步移动方向，不可直接传向队友。对方先传球后，再进行滑步，提高反应能力。目视对方传球动作，保持滑步移动。

变化应用：可以改变传球的方式，选择挑高球，增加反应的难度。可以选择手抛球的方式进行滑步或交叉步接球，提高复杂情况下反应能力。

(2) 迷你栏架横向高抬腿移动：提高横向爆发式变向移动能力，提高身体协调性。练习者侧向站立面对迷你栏架做好出发准备，每个栏架间隔 0.5 米。听到口令后，练习者快速高抬腿横向移动跨过迷你栏架，单脚落在每个格子里。通过所有迷你栏架后，快速返回反向做好相关动作。

快速提膝抬腿，手臂配合加速摆动。保持动作的节奏，依次跨过每一个栏架。

变化应用：可采用正向高抬腿跨栏，出所有栏架后，加速冲刺 15 米。正向面对栏架，双脚跳跃式同时起跳跨越栏架，出栏架后加速冲刺 15 米。可以增加横向移动的阻力，给练习者挂上阻力带，提高抗阻及横向爆发变向能力。

(3) 小篮球对墙双手过头投掷：提高投掷爆发力和接球反应能力。练习者持小篮球面对墙距离墙面 3 米两脚平行站立，做好练习准备。听到口令后，练习者双手将球举放至头顶偏后的位置，手臂伸直，身体伸展，用力将球抛向墙面。保持身体位置不动，双手接住球，重复相同的动作，直至力竭。

双手抛球，身体保持伸展，不得前倾。控制抛球的力度，使得球的反弹位置恰到好处。

变化应用：改变姿势，地面上铺垫子，然后采用双膝跪地的姿势进行抛接球。采用单脚站立的姿势进行抛接球，增加投掷难度、发展身体平衡能力。抛掷一定的角度，使球斜方向弹起，然后采用不同的移动步法来进行左右移动。

（4）踏板踩单车跳：提高踝关节周围肌肉的力量，提高快速反应能力，发展身体协调性。练习者面对高度为 20～40 厘米的牢固凳子站立做好准备。听到口令后，双脚轮换快速抬腿，用前脚掌触碰凳子，成踩单车状进行连续的跳跃。

身体保持放松，调换脚的时候，双臂快速配合摆动。保持双脚跳动轮换稳定的节奏。

（5）快速反应之坐姿与运球姿势转换：提高神经处理速率、发展全身灵敏性、动作知觉意识以及反应能力。练习者原地坐在球场地面，双脚伸直，上身保持直立，身旁放置一根球杆，等待开始信号。听到口令后，练习者快速起立，拿起球杆呈基本运球姿势。

认真听信号，教练发出信号后，迅速做出判断，起立做成相应的动作姿势。起来过程中可以借助手部的支撑来完成动作。

变化应用：变换不同的口令，比如起立后呈起跑姿势、起立后原地起跳、起立后快速接传球等。改变信号发出的方式，比如使用视觉信号代替声音信号。

第三节　育人及教学评价

参见第三章第三节。

第五章　校园软式曲棍球基础教学教案示范

第一节　36 周校园入门级教学示范

随着软式曲棍球项目普及程度的提高，越来越多的人喜欢上这项运动，也有越来越多的中、小学校开始在校园里推广这项运动。随着大家认知水平的不断提高，对于项目系统性发展提出了更高的要求，为了让读者能更快地从零起步，快速了解和掌握软式曲棍球运动技能和知识，本书特别邀请来自瑞典的专家为读者带来 36 周校园入门级教学指导。每四周为一个轮动周期，即第五至第八周重复前面四周主要内容，仅做练习方式的调整，依次类推。授课对象主要为零基础或具备简单软式曲棍球知识的小学一年级学生，我们将原汁原味地展现瑞典专家的授课教案，希望能给大家带来一些别样的思维和视角。

对于初学者，其教学的核心理念是不断重复关键核心技术、进行实战情景实践及忽略射门技术动作教学，该教案和演示视频由瑞典 SELECTED PLAYER 教学团队制作和演示。主要演示者乔纳什·科朗斯坦德是世界上最优秀的软式曲棍球运动员之一，瑞典国家队原球员，获得过三次世界冠军、三次瑞典冠军，另一名演示者杰卡米·博克维斯特是世界级高水平教练，有 20 多年的专业从教经验。

原部分教案（英文）：

WEEK 1：CLOSE DISTANCE

Before lesson

Video	Description
Practice	How to show practice
Ready position	How to teach ready position for fieldplayer and goalkeeper
Keypoint training	How to teach techniqual details

Support during lesson

> NOTE! You can use videos as a support during lesson for reminding and showing players

Lesson overview

Moment	Time	Description
1	4 min	Warm up for all players. Preapair the arena according to the Arena O-verview (QR code) during players warmup
2	22 min	Tecnique training： A) Show practice for field players (all players) B) Show practice for goalies (CS, L1, L2, R1 or R2) and fieldplayers C) Go through ready position for fieldplayers D) Show first keypoint training for fieldplayer E) Go through ready position for goalkeeper F) Show first keypoint training for goalkeeper G) Take small breaks and add all keypoint training for both fieldplayers and goalkeeper
3	2 min	Pause
4	14 min	Game training： A) Small field 3 vs 3 or full size 5 vs 5 B) Tell fieldplayers what keypoint training to focus on during the game C) Tell goalkeeper what keypoint training to focus on during the game
5	3 min	Cold down

Base level program for fieldplayers improve：

- Footwork
- Body balance
- Body technique
- Stick grip
- Blade position & technique
- Orientation
- Balltransportation

Base level program for goalkeepers improve：

- Foot technique
- Knee technique

- Upperbody balance
- Small move technique
- Ready position
- Orientation

Names of videos linked to day of the week (You creat the QR Code for each film)

Monday：W1Mon

Tuesday：W1Tue

Wednesday：W1Wed

Thursday：W1Thu

Friday：W1Fri

教案示例：

第一周主要内容：近距离传接球

视频 W1-1

视频 W1-2

课前：观看视频演示（视频 W1-1、视频 W1-2），周一、周二、周三、周四、周五

1. 主要了解视频演示的基本动作，如何进行练习，球员和守门员基本的准备姿势。

2. 了解如何教授技术要点。

3. 可以将视频作为课程的支撑材料，播放给学生观看。

课中：

步骤	时间	主要内容
1	4 分钟	1. 所有球员准备活动热身 2. 球员热身期间，检查场地器材等
2	22 分钟	**技能学习** 1. 教所有球员如何进行练习 2. 教球员传接球基本准备姿势 3. 讲解动作关键点 4. 教守门员扑救动作基本准备姿势 5. 讲解动作关键点 6. 稍作休息，所有球员进行关键动作练习 **重点** 球员基本技术改善： 1. 脚的位置（基本传接球） 2. 身体姿势

（续表）

步骤	时间	主要内容
2	22 分钟	3. 握杆 4. 拍头摆放位置 5. 球的移动 6. 讲解介绍 守门员基本技术改善： 1. 膝盖位置 2. 上身平衡 3. 小步移动步法 4. 扑救姿势 5. 讲解介绍
3	2 分钟	休息（补水）
4	14 分钟	比赛实践训练： 1. 小场 3 对 3 或全场 5 对 5 2. 比赛中教球员注意关注、体会和应用动作要点 3. 比赛中教守门员重点体会动作要点
5	3 分钟	放松

第一周周二至周五课程内容：

重复周一课程核心内容，选择不同的练习方式，其中每周安排 2～3 堂课在比赛实践部分预留 5～8 分钟作为专项身体素质练习。

练习应用：

所有相关技术动作要点及练习范例，可从本书中进行针对性地选择，丰富课程的内容，范例不做详细描述。

青少年软式曲棍球等级标准测试应用：

为强化肌肉记忆，需要在练习中不断进行反复。运球快速变向移动是等级测试中非常重要的技术，通过在一定时间内不断重复和强化相关技能，按照 SP 训练方法，一定能提高技术从而顺利通过等级测试。

第二周主要内容：短距离传接球、运球变向移动

课前：观看视频演示（视频 W2-1、视频 W2-2），周一、周二、周三、周四、周五

视频 W2-1

1. 主要了解视频演示的基本动作，如何进行练习，球员和守门员基本的准备姿势。

视频 W2-2

2. 了解如何教授技术要点。

3. 可以将视频作为课程的支撑材料，播放给学生观看。

课中：

步骤	时间	主要内容
1	4 分钟	1. 所有球员准备活动热身 2. 球员热身期间，检查场地器材等
2	22 分钟	**技能学习** 1. 教所有球员如何进行练习 2. 教球员传接球基本准备姿势 3. 讲解动作关键点 4. 短距离传接球练习 5. 运球变向练习 6. 讲解动作关键点 稍作休息，所有球员进行关键动作练习 **重点** 球员基本技术改善： 1. 脚的位置（基本传接球） 2. 身体姿势 3. 握杆 4. 拍头摆放位置 5. 球的移动 6. 讲解介绍 7. 运球变向练习 守门员基本技术改善： 1. 膝盖位置 2. 上身平衡 3. 大步移动步法 4. 扑救姿势 5. 讲解介绍
3	2 分钟	休息（补水）
4	14 分钟	比赛实践训练： 1. 小场 3 对 3 或全场 5 对 5 2. 比赛中教球员注意关注、体会和应用动作要点 3. 比赛中教守门员重点体会动作要点
5	3 分钟	放松

周二至周五课程内容：

重复周一课程核心内容，选择不同的练习方式，其中每周安排 2～3 堂课在比赛实践部分预留 5～8 分钟作为专项身体素质练习。

练习应用：

所有相关技术动作要点及练习范例，可从本书中进行针对性地选择，丰富课程的内容，范例不做详细描述。

青少年软式曲棍球等级标准测试应用：

为强化肌肉记忆，需要在练习中不断进行反复。运球快速变向移动是等级测试中非常重要的技术，通过在一定时间内不断重复和强化相关技能，按照 SP 训练方法，一定能提高技术从而顺利通过等级测试。

第三周主要内容：中等距离传接球、变向运球及反手运球

课前：观看视频演示（视频 W3-1、视频 W3-2），周一、周二、周三、周四、周五

视频 W3-1

视频 W3-2

1. 主要了解视频演示的基本动作，如何进行练习，球员和守门员基本的准备姿势。

2. 了解如何教授技术要点。

3. 可以将视频作为课程的支撑材料，播放给学生观看。

课中：

步骤	时间	主要内容
1	4 分钟	1. 所有球员准备活动热身 2. 球员热身期间，检查场地器材等
2	22 分钟	**技能学习** 1. 教所有球员如何进行练习 2. 教球员传接球基本准备姿势 3. 讲解动作关键点 4. 中距离传接球练习 5. 教守门员扑救动作基本准备姿势 6. 讲解动作关键点 7. 反手运球 8. 稍作休息，所有球员进行关键动作练习 **重点** 球员基本技术改善： 1. 脚的位置（基本传接球） 2. 身体姿势 3. 握杆 4. 拍头摆放位置 5. 球的移动 6. 讲解介绍 7. 反手 守门员基本技术改善： 1. 膝盖位置 2. 上身平衡 3. 左右移动步法 4. 扑救姿势 5. 讲解介绍

（续表）

步骤	时间	主要内容
3	2 分钟	休息（补水）
4	14 分钟	比赛实践训练： 1. 小场 3 对 3 或全场 5 对 5 2. 比赛中教球员注意关注、体会和应用动作要点 3. 比赛中教守门员重点体会动作要点
5	3 分钟	放松

周二至周五课程内容：

重复周一课程核心内容，选择不同的练习方式，其中每周安排 2～3 堂课在比赛实践部分预留 5～8 分钟作为专项身体素质练习。

练习应用：

所有相关技术动作要点及练习范例，可从本书中进行针对性地选择，丰富课程的内容，范例不做详细描述。

青少年软式曲棍球等级标准测试应用：

为强化肌肉记忆，需要在练习中不断进行反复。运球快速变向移动是等级测试中非常重要的技术，通过在一定时间内不断重复和强化相关技能，按照 SP 训练方法，一定能提高技术从而顺利通过等级测试。

第四周主要内容：长距离传接球、变向运球、反手运球及正确身体姿势

视频 W4-1

视频 W4-2

课前：观看视频演示（视频 W4-1、视频 W4-2），周一、周二、周三、周四、周五

1. 主要了解视频演示的基本动作，如何进行练习，球员和守门员基本的准备姿势。

2. 了解如何教授技术要点。

3. 可以将视频作为课程的支撑材料，播放给学生观看。

课中：

步骤	时间	主要内容
1	4 分钟	1. 所有球员准备活动热身 2. 球员热身期间，检查场地器材等
2	22 分钟	**技能学习** 1. 教所有球员如何进行练习 2. 教球员传接球基本准备姿势 3. 讲解动作关键点 4. 长距离传接球

（续表）

步骤	时间	主要内容
2	22 分钟	5. 教守门员扑救动作基本准备姿势 6. 讲解动作关键点 7. 稍作休息，所有球员进行关键动作练习 **重点** 球员基本技术改善： 1. 脚的位置（基本传接球） 2. 身体姿势 3. 握杆 4. 拍头摆放位置 5. 球的移动 6. 讲解介绍 7. 运球变向中正确身体姿势的维持 守门员基本技术改善： 1. 膝盖位置 2. 上身平衡 3. 多种移动步法练习 4. 扑救姿势 5. 讲解介绍
3	2 分钟	休息（补水）
4	14 分钟	比赛实践训练： 1. 小场 3 对 3 或全场 5 对 5 2. 比赛中教球员注意关注、体会和应用动作要点 3. 比赛中教守门员重点体会动作要点
5	3 分钟	放松

周二至周五课程内容：

重复周一课程核心内容，选择不同的练习方式，其中每周安排 2～3 堂课在比赛实践部分预留 5～8 分钟作为专项身体素质练习。

练习应用：

所有相关技术动作要点及练习范例，可从本书中进行针对性地选择，丰富课程的内容，范例不做详细描述。

青少年软式曲棍球等级标准测试应用：

为强化肌肉记忆，需要在练习中不断进行反复。运球快速变向移动是等级测试中非常重要的技术，通过在一定时间内不断重复和强化相关技能，按照 SP 训练方法，一定能提高技术从而顺利通过等级测试。

第二节　大学体育软式曲棍球课程大纲

一、课程基本信息

<table>
<tr><td>课程名称</td><td colspan="6">软式曲棍球 1</td></tr>
<tr><td>课程代码</td><td colspan="2">31101160-170-180-190</td><td>开课单位</td><td colspan="3"></td></tr>
<tr><td>课程负责人</td><td colspan="2">袁勇</td><td>课程类别</td><td colspan="3">体育类课程</td></tr>
<tr><td>课程性质</td><td colspan="2">通识教育</td><td>学分</td><td>1</td><td>学时</td><td>32</td></tr>
<tr><td>学时分配</td><td>理论</td><td>2</td><td>实践</td><td>30</td><td>上机</td><td></td></tr>
<tr><td>学习负荷</td><td colspan="6">32＋20</td></tr>
<tr><td>教学团队</td><td colspan="6"></td></tr>
<tr><td>授课语言</td><td colspan="6">中文</td></tr>
<tr><td>适用专业</td><td colspan="6">大一、大二学生</td></tr>
<tr><td>前修课程</td><td colspan="6">无</td></tr>
<tr><td>后续支撑</td><td colspan="6">软式曲棍球 2</td></tr>
<tr><td>课程思政设计</td><td colspan="6">贯彻落实立德树人根本任务，将思想政治教育融入课程教学各个环节，使两者相统一、相结合；以体育课堂为载体，充分发挥体育学科在育人方面的独特性和天然优势，在传授体育专业知识和技能的同时，以润物细无声的方式培养学生的社会主义核心价值观</td></tr>
<tr><td colspan="7">课程简介</td></tr>
<tr><td colspan="7">课程定位：以身体练习为主要手段，以过程式考核为主要评价方式，通过科学有序的体育教学，增强学生体质，健全学生身心，完善学生人格，达到立德树人目标的大学公共必修课程
课程内容：体育与健康知识、软式曲棍球专业理论知识、软式曲棍球专项技术与战术、身体素质、社会服务意识培养
核心学习成效：学生体育素养有提升，掌握软式曲棍球相关知识与基本技能，自主锻炼习惯基本形成，具备较强的社会服务意识和责任感，具备一定的传播体育知识的能力
教学方法：采用线上、线下相结合，线下为主的教学方法。具体为：1. 加强对学生集体主义精神和顽强拼搏的意志品质的培养，增强社会责任感和服务意识 2. 丰富和完善在线课程的内容，发挥在线课程灵活方便的特点，提高学生自主学习能力。3. 采用探究式教学方法，在专项技术教学中，采用技能学习和竞赛实践相结合的方法，激发学生学习热情，提高学生创新实践能力</td></tr>
</table>

二、课程培养学生的能力

序号	项目	是否支持
1	学科知识	√
2	问题分析能力	√
3	解决问题能力	√
4	研究能力	√
5	使用现代工具或信息	√
6	社会责任意识	√
7	可持续发展意识	√
8	职业规范	√
9	团队协作能力	√
10	沟通能力	√
11	管理能力	√
12	终身学习能力	√
13	其他	√

注：若支持该项目能力的培养，请在“是否支持”栏目打“√”。

三、课程目标

目标	课程目标	对能力培养的支撑
1	使学生掌握有效提高身体素质、全面发展体能的方法与手段；提高身体素质和人体基本活动能力，提高对自然环境的适应能力	体育与健康知识，问题分析能力，解决问题能力、可持续发展意识
2	使学生掌握体育的基本知识、软式曲棍球专项技术和技能，学会科学锻炼身体的方法，培养学生参与体育运动兴趣、习惯和能力，养成终身体育锻炼的意识	体育与健康知识，问题分析能力，解决问题能力、规则意识、终身锻炼能力
3	促进学生个体社会化，对学生进行思想品德教育，培养良好的道德和意志品质；正确处理竞争与合作的关系	团队协作能力、沟通能力、社会责任意识、竞争意识、不畏艰难的意志品质
4	通过了解软式曲棍球的发展状况，国际国内比赛的规模与形式，激发学生兴趣，提高学生的自我锻炼意识，并以此为主要身体锻炼项目，积极参加高一级或更高级别的比赛	体育专业知识培养，掌握一定的运动技能，终身体育锻炼能力

四、教学内容

教学模块	教学内容	学生学习预期成果	教学方式	支撑的课程目标
一、理论知识	1. 教学内容： （1）体育与健康基础理论知识 （2）专项理论知识 2. 教学重点： （1）科学锻炼身体的方法 （2）裁判法及规则 （3）中国体育概况 3. 教学难点： 锻炼科学监控 4. 课程思政： （1）爱国主义、追求卓越的精神 （2）规则意识	1. 掌握运动与健康知识，能够制定个性化运动锻炼方案 2. 了解比赛规程，具备一定欣赏比赛的能力	1. 教师： 线上视频和课件 线下实践教学 2. 思政教学： 通过了解比赛规程，让学生知道竞赛规则的制定，裁判执法原则是在确保安全的基础上，让比赛更为流畅。引导学生遵纪守规，公平竞争；通过欣赏体育竞赛，理解体育运动的内涵，体会竞争的实际意义 3. 学生： 线上视频、课件 PPT 线下自主锻炼	目标 1 目标 2 目标 3
二、专项技能	1. 教学内容： （1）基本技术 （2）基本战术 （3）专项身体素质 2. 教学重点： （1）专项技战术的教学 （2）教学比赛 3. 教学难点： 技战术运用能力 4. 课程思政： 集体主义、团结协作、勇于拼搏的等品格	1. 掌握专项基本技术、战术 2. 培养学生体育专项锻炼兴趣 3. 培养学生终生体育意识和健康生活的习惯 4. 提高技战术运用能力 5. 培养学生规则意识，团队协作精神合作求卓越意志品质	1. 教师： 线上视频和课件 线下分组，探究式学习、实践 2. 思政教学： 通过分组，探究式学习，培养学生终身学习，创新思维的能力. 通过参与比赛，让学生亲身体验竞争、拼搏、团队协作，集体主义精神，实现特定道德原则与规范的内化，起到润物细无声的思政教育作用	目标 2 目标 3 目标 4

五、教材与学习资源

课程网站	http://i.mooc.chaoxing.com/space/index.shtml
课程教材	1. 袁勇. 旱地冰球运动 floorball. 上海：东华大学出版社，2017. 2. 孙麒麟，顾圣益. 体育与健康教程. 第 5 版. 北京：高等教育出版社，2013. 3. 陈佩杰，唐炎，蔡玉军，等. 青少年软式曲棍球运动技能等级标准与测试方法. 北京：科学出版社，2019.

（续表）

参考书目	1. IFFFloorball learn-start-play International Floorball Federation 2006 2. IFFIndividual technique and tactic International Floorball Federation 2008 3. 袁勇，旱地冰球运动，上海：东华大学出版社，2014
教学条件	体育场馆，网络课程中心，健康实验室

六、第一学期教学进程安排

序号	教学内容	课内学时	课外学时	课外学习内容
1	1. 介绍软式曲棍球课教学情况和要求 2. 介绍软式曲棍球运动特点及锻炼价值 3.《体育与健康》教材 4. 本学期教学内容及考试标准	2/ 理论		作业等要求
2	1. 详细讲解握杆方法，学习原地运球 2. 学习正手传球 3. 学习正手迎撤式停球 4. 原地传接球练习 5. 教学比赛	2/ 实践		
3	1. 复习原地运球、正手正拍传接球 2. 学习行进间运球 3. 学习反手反拍迎撤式停球 4. 学习正手手腕发力射门 5. 教学比赛 6. 专项身体素质	2/ 实践	2	社团活动、自主锻炼、竞赛
4	1. 复习运球、传接球 2. 学习反手反拍传球 3. 学习传空中球 4. 教学比赛 5. 素质考试：1 000 米跑	2/ 实践	2	社团活动、自主锻炼、竞赛
5	1. 复习运球、停球、传接球 2. 学习压迫式停球法 3. 学习正手拖杆射门 4. 教学比赛 5. 专项身体素质	2/ 实践	2	社团活动、自主锻炼、竞赛
6	1. 复习运球、停球、传接球、射门 2. 学习反拍迎撤式停球、胸部停球 3. 学习正手拉杆射门 4. 学习个人运球突破 5. 教学比赛 6. 素质考试：1 000 米跑	2/ 实践	2	社团活动、自主锻炼、竞赛

（续表）

序号	教学内容	课内学时	课外学时	课外学习内容
7	1. 复习基本技术 2. 学习“直传斜插”二过一战术 3. 学习二人行进间传接球 4. 学习个人运球突破 5. 素质考试：50 米跑	2/ 实践	2	社团活动、自主锻炼、竞赛
8	1. 复习基本技术 2. 二人长传球练习 3. 学习大腿停球，正面抢断 4. 练习 10 米运球射门罚球 5. 复习“直传斜插”二过一战术 6. 教学比赛 7. 素质考试：1 000 米跑	2/ 实践	2	社团活动、自主锻炼、竞赛
9	1. 复习基本各种基本技术 2. 学习运球假动作突破. 侧面抢断球 3. 学习二过一配合射门 4. 学习“斜传直插”二过一战术 5. 素质考试：1 000 米跑	2/ 实践	2	社团活动、自主锻炼、竞赛
10	体质健康测试	2/ 实践		
11	1. 复习各种基本技术 2. 二人传接球练习 3. 三人跑动传接球 4. 学习“踢墙式”二过一配合 5. 10 米运球射门练习 6. 素质考试：立定跳远	2/ 实践	2	社团活动、自主锻炼、竞赛
12	1. 复习各种基本技术 2. 介绍守门员基本技术 3. 绕杆射门练习 4. 一对一强行突破练习 5. 专项考试：10 米运球射门	2/ 实践	2	社团活动、自主锻炼、竞赛
13	1. 复习各种基本技术 2. 全场传接球射门练习 3. 教学比赛 4. 素质考试：50 米跑	2/ 实践	2	社团活动、自主锻炼、竞赛
14	1. 复习各种基本技术 2. 复习各种传接球 3. 复习各种战术练习 4. 教学比赛	2/ 实践		
15	1. 复习各种基本技术和战术 2. 教学比赛	2/ 实践		
16	机动			

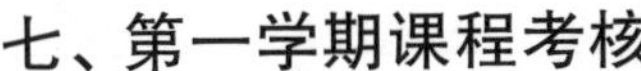

七、第一学期课程考核

<table>
<tr><th rowspan="3">课程目标</th><th rowspan="3">考核要点</th><th colspan="5">考核与评价方式及成绩比例（%）</th><th rowspan="3">成绩比例（100%）</th></tr>
<tr><th colspan="4">过程考核</th><th rowspan="2">期末考试</th></tr>
<tr><th>作业</th><th>报告</th><th>设计</th><th>自测</th></tr>
<tr><td>1</td><td>身体素质</td><td></td><td></td><td></td><td>50 米</td><td></td><td>15</td></tr>
<tr><td>2</td><td>身体素质</td><td></td><td></td><td></td><td>立定跳远</td><td></td><td>15</td></tr>
<tr><td>3</td><td>身体素质</td><td></td><td></td><td></td><td>800/1 000</td><td></td><td>15</td></tr>
<tr><td>4</td><td>专项技术</td><td></td><td></td><td></td><td>运球射门</td><td></td><td>25</td></tr>
<tr><td>5</td><td>能力</td><td></td><td></td><td></td><td></td><td></td><td>30</td></tr>
<tr><td colspan="2">合计</td><td></td><td></td><td></td><td></td><td></td><td>100</td></tr>
<tr><td colspan="8">期末考试资格</td></tr>
<tr><td colspan="8">学期课程学生体育课缺课累计数（含病假、事假、旷课）不超过 5 次课者</td></tr>
<tr><td colspan="8">期末考试形式</td></tr>
<tr><td colspan="8">☐ 闭卷笔试　☐ 开卷/半开卷　☐ 小论文　☐ 报告
☐ 口试　☐ 作品　☐ 口笔试兼用　☐ 上机　☐ 技能操作　■ 其他（请注明）<u>实践</u>（必填）</td></tr>
</table>

附件：各类考核评分标准

大纲制定：

大纲审核：

制定单位：

单位（敲章）

制定日期：　　年　月　日

附件：

各类考核评分标准

课程目标	评分标准				权重（%）
	90～100	80～89	60～79	0～59	
50 米跑	6″9（男），8″1（女）以内	6″9～7″4（男），8″1～8″7（女）	7″4～8″（男），8″7～9″3（女）	8″（男），9″3（女）以外	15
立定跳远	250 cm（男），190 cm（女）以上	230～250 cm（男），170～190 cm（女）	210～230 cm（男），150～170 cm（女）	210 cm（男），150 cm（女）以下	15
800 米（女）/ 1 000 米（男）	3′40 以内	3′40～4′以内	4′～4′30 以内	4′30 以外	15
10 米运球射门	（6～8）个＋技评	（5～6）个＋技评：动作完全正确 22 分；动作基本正确 21 分；动作一般 20 分	4 个＋技评：动作完全正确 19 分；动作基本正确 18 分；动作一般 17 分	3 个以下＋技评：动作完全正确 16 分；动作基本正确 15 分；动作一般 14 分	25

八、第二学期教学进程安排

序号	教学内容	课内学时	课外学时	课外学习内容
1	1. 介绍软式曲棍球课课堂教学情况与课堂常规 2. 国内外软式曲棍球运动发展趋势 3.《体育与健康》教材 4. 本学期教学内容及考试标准	2/ 理论		作业等要求
2	1. 复习软式曲棍球基本技术：传球、停球、射门、运球等 2. 教学比赛	2/ 实践		
3	1. 二人传接球 2. 转身跑动传接球 3. 曲线绕杆运球射门 4. 教学比赛 5. 素质考试：1 000 米跑	2/ 实践	2	社团活动、自主锻炼、竞赛
4	1. 二人传接球 2. 三人传接球 3. 个人运球突破 4. 学习侧身掩护突破 5. 曲线绕杆运球射门 6. 教学比赛 7. 专项身体素质	2/ 实践	2	社团活动、自主锻炼、竞赛

（续表）

序号	教学内容	课内学时	课外学时	课外学习内容
5	1. 二人传接球 2. 三人传接球 3. 球杆各部位停球 4. 射门练习 5. 曲线绕杆运球射门 6. 教学比赛 7. 素质考试：1 000 米跑	2/ 实践	2	社团活动、自主锻炼、竞赛
6	1. 二人传接球 2. 两人跑动传接球 3. 曲线绕杆运球射门 4. 专项身体素质 5. 教学比赛	2/ 实践	2	社团活动、自主锻炼、竞赛
7	1. 二人传接球 2. 曲线绕杆运球 3. 球杆各部位停球 4. 教学比赛 5. 专项身体素质	2/ 实践	2	社团活动、自主锻炼、竞赛
8	1. 二人传接球 2. 球杆各部位停球 3. 曲线绕杆运球射门 4. 教学比赛 5. 素质考试：1 000 米跑	2/ 实践	2	社团活动、自主锻炼、竞赛
9	1. 二人传接球 2. 球杆各种停球 3. 曲线绕杆运球射门 4. 学习“倒三角”射门 5. 素质考试：1 000 米跑	2/ 实践	2	社团活动、自主锻炼、竞赛
10	1. 二人传接球 2. 球杆各种停球 3. 曲线绕杆运球射门 4. 复习“倒三角”射门 5. 教学比赛	2/ 实践		
11	1. 二人传接球 2. 球杆各种停球 3. 中路“斜传直插”二过一 4. 曲线绕杆运球 5. 素质考试：跳绳	2/ 实践	2	社团活动、自主锻炼、竞赛
12	1. 二人传接球 2. 球杆各种停球 3. 中路“踢墙式”二过一 4. 曲线绕杆运球 5. 专项考试：停球	2/ 实践	2	社团活动、自主锻炼、竞赛

（续表）

序号	教学内容	课内学时	课外学时	课外学习内容
13	1. 各种杆法传接球 2. 中路“直传斜插”二过一 3. 曲线绕杆运球 4. 专项考试：曲线绕杆运球射门	2/ 实践	2	社团活动、自主锻炼、竞赛
14	1. 各种杆法传接球， 2. 学习边路各种“二过一”下底传中 3. 教学比赛	2/ 实践		
15	1. 各种杆法传. 接球 2. 教学比赛	2/ 实践		
16	机动			

九、第二学期课程考核

课程目标	考核要点	考核与评价方式及成绩比例（%）					成绩比例（100%）
		过程考核				期末考试	
		作业	报告	设计	自测		
1	身体素质				跳绳		15
2	身体素质				800/1 000		15
3	专项技术				曲线绕杆运球		15
4	专项技术				停球		15
5	理论						10
6	能力						30
合计							100
期末考试资格							
学期课程学生体育课缺课累计数（含病假、事假、旷课）不超过 5 次课者							
期末考试形式							
□ 闭卷笔试 □ 开卷/半开卷 □ 小论文 □ 报告 □ 口试 □ 作品 □ 口笔试兼用 □ 上机 □ 技能操作 ■ 其他（请注明）<u>实践</u>（必填）							

附件：各类考核评分标准

大纲制定：

大纲审核：

制定单位：
单位（敲章）

制定日期：　　年　月　日

附件：

各类考核评分标准

课程目标	评分标准				权重（%）
	90～100	80～89	60～79	0～59	
1 分钟跳绳	160～200 个（男），150～190 个（女）以上	140～150 个（男），130～150 个（女）	110～140 个（男），100～130 个（女）	20～110 个（男），10～100 个（女）以下	15
800 米（女）/1 000 米（男）	3′40 以内	3′40～4′以内	4′～4′30 以内	4′30 以外	15
曲线绕杆运球射门	6″3～7″2 以内（男）/7″5～8″3 以内（女）	7″2～7″5 以内（男）/8″3～8″6 以内（女）	7″8～8″5 以内（男）/9″～9″8 以内（女）	9″8 以上（女）	15
停球	13～15 个	12 个	9～11 个	9 个以下	15
体育理论	90～100	80～89	60～79	0～59	10

十、第三学期教学进程安排

序号	教学内容	课内学时	课外学时	课外学习内容
1	1. 介绍软式曲棍球课课堂教学情况与课堂常规 2. 软式曲棍球运动的基本技战术介绍 3.《体育与健康》教材 4. 本学期教学内容及考试标准	2/ 理论		作业等要求
2	1. 复习软式曲棍球基本技术：传球、停球、射门、运球等 2. 教学比赛	2/ 实践		
3	1. 原地传接球 2. 绕杆传接球 3. 三人传接球 4. 10 米地滚球射准 5. 专项身体素质	2/ 实践	2	社团活动、自主锻炼、竞赛

（续表）

序号	教学内容	课内学时	课外学时	课外学习内容
4	1. 原地传接球 2. 10 米射准 3. 三人传接球射门 4. 绕杆射门 5. 教学比赛 6. 素质考试：1 000 米跑	2/ 实践	2	社团活动、自主锻炼、竞赛
5	1. 战术传接球 2. 三人传接球射门 3. 直线运球折返 4. 个人运球突破 5. 教学比赛 6. 专项素质	2/ 实践	2	社团活动、自主锻炼、竞赛
6	1. 移动传接球 2. 射门精确度练习 3. 直线运球折返 4.“四二”抢截 5. 教学比赛 6. 素质考试：50 米跑	2/ 实践	2	社团活动、自主锻炼、竞赛
7	1. 移动传接球 2. 三人传接球射门 3. 直线运球折返 4. 运球练习 6. 教学比赛 7. 素质考试：1 000 米跑	2/ 实践	2	社团活动、自主锻炼、竞赛
8	1. 移动传接球 2. 运球移动射门练习 3. 直线运球折返 4.“直传斜插”二过一 5. 教学比赛 6. 素质考试：各种准备姿势的 30 米反应跑	2/ 实践	2	社团活动、自主锻炼、竞赛
9	1. 三人传接球射门 2. 直线运球折返 3.“直传斜插”二过一战术 4.“斜传直插”二过一战术 5. 素质考试：1 000 米跑	2/ 实践	2	社团活动、自主锻炼、竞赛
10	体质健康测试	2/ 实践		
11	1. 移动传接球 2. 三人传接球射门 3. 远距离射门练习 4. 教学比赛 5. 专项考试：三人组行进间配合射门	2/ 实践	2	社团活动、自主锻炼、竞赛

（续表）

序号	教学内容	课内学时	课外学时	课外学习内容
12	1. 移动传接球 2. 直线运球折返 3. 四二抢截 4. 教学比赛 5. 素质考试：50 米跑	2/ 实践	2	社团活动、自主锻炼、竞赛
13	1. 移动传接球 2. 直线运球折返 3. 射门练习 4. 教学比赛 5. 专项考试：直线运球折返	2/ 实践	2	社团活动、自主锻炼、竞赛
14	1. 移动传接球 2. 射门练习 3. 结合比赛讲解以多打少进攻战术以及以少打多防守练习	2/ 实践		
15	1. 移动传接球 2. 个人突破和抢截 3. 结合教学比赛讲解裁判法	2/ 实践		
16	机动			

十一、课程考核

<table>
<tr><td rowspan="3">课程目标</td><td rowspan="3">考核要点</td><td colspan="5">考核与评价方式及成绩比例（%）</td><td rowspan="3">成绩比例（100%）</td></tr>
<tr><td colspan="4">过程考核</td><td rowspan="2">期末考试</td></tr>
<tr><td>作业</td><td>报告</td><td>设计</td><td>自测</td></tr>
<tr><td>1</td><td>身体素质</td><td></td><td></td><td></td><td>50 米</td><td></td><td>15</td></tr>
<tr><td>2</td><td>身体素质</td><td></td><td></td><td></td><td>立定跳远</td><td></td><td>15</td></tr>
<tr><td>3</td><td>身体素质</td><td></td><td></td><td></td><td>800/1 000</td><td></td><td>15</td></tr>
<tr><td>4</td><td>专项</td><td></td><td></td><td></td><td>直线运球折返</td><td></td><td>25</td></tr>
<tr><td>5</td><td>能力</td><td></td><td></td><td></td><td></td><td></td><td>30</td></tr>
<tr><td colspan="2">合计</td><td></td><td></td><td></td><td></td><td></td><td>100</td></tr>
<tr><td colspan="8">期末考试资格</td></tr>
<tr><td colspan="8">学期课程学生体育课缺课累计数（含病假、事假、旷课）不超过 5 次课者</td></tr>
<tr><td colspan="8">期末考试形式</td></tr>
<tr><td colspan="8">□ 闭卷笔试　□ 开卷/半开卷　□ 小论文　□ 报告
□ 口试　□ 作品　□ 口笔试兼用　□ 上机　□ 技能操作　■ 其他（请注明）<u>实践</u>（必填）</td></tr>
</table>

大纲制定：
大纲审核：

制定单位：
单位（敲章）

制定日期：　　年　月　日

附件：

各类考核评分标准

课程目标	评分标准				权重（%）
	90～100	80～89	60～79	0～59	
50 米跑	6″9（男），8″1（女）以内	6″9～7″4（男），8″1～8″7（女）	7″4～8″（男），8″7～9″3（女）	8″（男），9″3（女）以外	15
立定跳远	250 cm（男），190 cm（女）以上	230～250 cm（男），170～190 cm（女）	210～230 cm（男），150～170 cm（女）	210 cm（男），150 cm（女）以下	15
800 米（女）/1 000 米（男）	3′40 以内	3′40～4′以内	4′～4′30 以内	4′30 以外	15
直线运球折返	26″～27″（男），30″0～31″0（女）	27″5～28″（男），31″5～32″5（女）	28″5～29″5（男），32″5～33″5（女）	30″以上（男），34″以上（女）	25

十二、第四学期教学进程安排

序号	教学内容	课内学时	课外学时	课外学习内容
1	1. 介绍软式曲棍球课课堂教学情况与课堂常规 2.《体育与健康》教材 3. 介绍学习软式曲棍球裁判部分内容 4. 本学期教学内容及考试标准	2/ 理论		作业等要求
2	1. 学习软式曲棍球基本技术：传球、停球、射门、运球等 2. 教学比赛	2/ 实践		

（续表）

序号	教学内容	课内学时	课外学时	课外学习内容
3	1. 移动传接球 2. 颠球 3. 射门 4. “四二”抢截 5. 教学比赛 6. 素质考试：各种准备姿势的30米跑	2/ 实践	2	社团活动、自主锻炼、竞赛
4	1. 复杂情况下移动传接球 2. 各种位置射门 3. 中路直传斜插“二过一”战术 4. 素质考试：1 000米跑 5. 教学比赛	2/ 实践	2	社团活动、自主锻炼、竞赛
5	1. 战术传接球 2. 颠球 3. 各种位置射门 4. 中路直传斜插“二过一”战术、斜传直插“二过一”战术 5. 素质考试：俯卧撑 6. 教学比赛	2/ 实践	2	社团活动、自主锻炼、竞赛
6	1. 移动传接球 2. 颠球 3. 各种位置射门 4. 中路踢墙式“二过一”战术 5. 素质考试：1 000米跑 6. 教学比赛	2/ 实践	2	社团活动、自主锻炼、竞赛
7	1. 移动传接球 2. 各种位置射门 3. 颠球 4. “四二”抢截 5. 专项身体素质 6. 教学比赛	2/ 实践	2	社团活动、自主锻炼、竞赛
8	1. 复杂情况下传接球 2. 各种位置射门 3. 四角传射练习 4. 颠球练习 5. 素质考试：1 000米跑 6. 教学比赛	2/ 实践	2	社团活动、自主锻炼、竞赛
9	1. 移动传接球 2. 原地不同射门方法练习 3. 个人运球射门 4. 颠球 5. 教学比赛 6. 素质考试：1 000米跑	2/ 实践	2	社团活动、自主锻炼、竞赛

（续表）

序号	教学内容	课内学时	课外学时	课外学习内容
10	1. 移动传接球 2. 运球移动射门 3. 局部 2 打 1 练习 4. 任意球练习 5. 教学比赛	2/ 实践		
11	1. 移动传接球 2. 移动运球射门练习 3. 局部 3 打 2 练习 4. 教学比赛 5. 素质考试：俯卧撑	2/ 实践	2	社团活动、自主锻炼、竞赛
12	1. 移动传接球 2. 局部战术防守 3. 移动射门练习 4. 教学比赛 5. 专项考试：颠球	2/ 实践	2	社团活动、自主锻炼、竞赛
13	1. 复杂情况下移动传接球 2. 点球射门练习 3. 专项考试：点球点位置射门 4. 结合教学比赛讲解个人进攻和局部的整体进攻战术	2/ 实践	2	社团活动、自主锻炼、竞赛
14	1. 移动传接球 2. 四人行进间配合传接球练习 3. 半场 4 打 3 练习 4. 结合教学比赛讲解个人防守和整体防守战术	2/实践		
15	1. 移动传接球 2. 教学比赛	2/ 实践		
16	机动			

十三、第四学期课程考核

课程目标	考核要点	考核与评价方式及成绩比例（%）					成绩比例（100%）
		过程考核				期末考试	
		作业	报告	设计	自测		
1	身体素质				跳绳		15
2	身体素质				800/1 000		15
3	专项技术				颠球		15

（续表）

<table>
<tr><td rowspan="3">课程目标</td><td rowspan="3">考核要点</td><td colspan="5">考核与评价方式及成绩比例（%）</td><td rowspan="3">成绩比例（100%）</td></tr>
<tr><td colspan="4">过程考核</td><td rowspan="2">期末考试</td></tr>
<tr><td>作业</td><td>报告</td><td>设计</td><td>自测</td></tr>
<tr><td>4</td><td>专项技术</td><td></td><td></td><td></td><td>定点射门</td><td></td><td>15</td></tr>
<tr><td>5</td><td>理论</td><td></td><td></td><td></td><td></td><td></td><td>10</td></tr>
<tr><td>6</td><td>能力</td><td></td><td></td><td></td><td></td><td></td><td>30</td></tr>
<tr><td colspan="2">合计</td><td></td><td></td><td></td><td></td><td></td><td>100</td></tr>
<tr><td colspan="8">期末考试资格</td></tr>
<tr><td colspan="8">学期课程学生体育课缺课累计数（含病假、事假、旷课）不超过5次课者</td></tr>
<tr><td colspan="8">期末考试形式</td></tr>
<tr><td colspan="8">☐ 闭卷笔试　☐ 开卷/半开卷　☐ 小论文　☐ 报告
☐ 口试　☐ 作品　☐ 口笔试兼用　☐ 上机　☐ 技能操作　■ 其他（请注明）<u>实践</u>（必填）</td></tr>
</table>

大纲制定：

大纲审核：

制定单位：

单位（敲章）

制定日期：　　年　　月　　日

附件：

各类考核评分标准

<table>
<tr><td rowspan="2">课程目标</td><td colspan="4">评分标准</td><td rowspan="2">权重（%）</td></tr>
<tr><td>90～100</td><td>80～89</td><td>60～79</td><td>0～59</td></tr>
<tr><td>仰卧起坐（女）/俯卧撑（男）</td><td>160～200个（男），150～190个（女）以上</td><td>140～150个（男），130～150个（女）</td><td>110～140个（男），100～130个（女）</td><td>20～110个（男），10～100个（女）以下</td><td>15</td></tr>
<tr><td>800米（女）/1 000米（男）</td><td>3′40以内</td><td>3′40～4′以内</td><td>4′～4′30以内</td><td>4′30以外</td><td>15</td></tr>
<tr><td>定点射门</td><td>11～13个</td><td>10个</td><td>7～9个</td><td>7个以下</td><td>15</td></tr>
<tr><td>颠球</td><td>13～15个</td><td>12个</td><td>9～11个</td><td>9个以下</td><td>15</td></tr>
<tr><td>体育理论</td><td>90～100</td><td>80～89</td><td>60～79</td><td>0～59</td><td>10</td></tr>
</table>

第三节　课堂教学设计示范案例

<table>
<tr><td>教学课题</td><td>原地运球及传接球</td><td>教学时数</td><td>2 学时</td></tr>
<tr><td>授课班级</td><td>一年级第一学期软式曲棍球专项</td><td>授课时间</td><td>年　　月　　日</td></tr>
<tr><td>课程名称</td><td>软式曲棍球 1</td><td>授课地点</td><td>体育馆</td></tr>
<tr><td>课程负责人</td><td></td><td>签名</td><td></td></tr>
<tr><td>教学内容分析</td><td colspan="3">授课教材选用《旱地冰球运动》第三章第 1～4 节，根据学校专业人才培养目标，结合课程标准，基于掌握技能、享受乐趣、锤炼身心、完善人格的育人理念，将本课程内容分为四个学期传授，本节课是第 1 学期第一次线下实践课，授课内容为软式曲棍球基本握杆方法、原地运动方法、传接球技术及竞赛体验，具体分析如下。主要采用任务驱动、示范讲解及实战情景体验法，课前通过在线课程发放学习包，引导学生先自主探究；课中教师集中指导示范，学生实践体验并讨论分析规则，教师反馈，课后督促，提高学生自主学习能力，引导学生学会运用心率监测和强度评估方法指导自己或他人进行安全有效的健身锻炼；逐步引导学生适应“学—评—练—悟—练”一体化体育技能学习模式，从而达成本课教学目标。
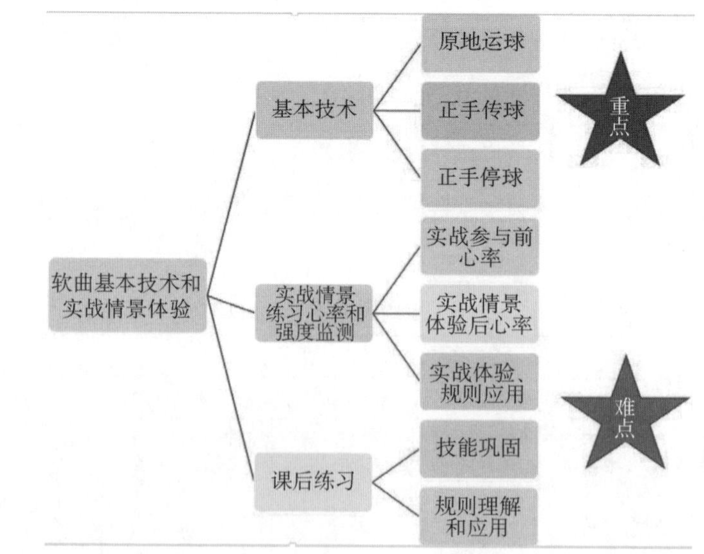
</td></tr>
<tr><td>学情分析</td><td colspan="3">授课对象是大一软式曲棍球专项学生，课前根据学生在超星学习平台视频学习完成情况了解学生的学习状况。
知识基础：①根据平台提供的视频完成度，判断学生对本堂课软式曲棍球基本技术动作概念及要领掌握情况；②通过微信群询问学生对练习心率和练习强度了解程度，对比赛规则掌握程度。</td></tr>
</table>

（续表）

<table>
<tr><td>学情分析</td><td colspan="2">能力基础：①通过第一堂理论课了解到，绝大部分同学都是初次接触软式曲棍球这个项目，但是都具备相当的运动能力和良好的身体素质；②具备一定的自主学习能力，能够配合老师完成上堂客布置的学习任务。
学习特点：①多数同学都对这个新兴项目抱有浓厚的兴趣，愿意更加深入、系统地学习和掌握相关知识和技能；②学生都喜欢实战情景体验教学，喜欢进行线下同学间协作互动，线上学习积极性有待提高。</td></tr>
<tr><td rowspan="3">教学目标</td><td>知识</td><td>1. 初步理解软式曲棍球的基本动作原理及其有效的健身和娱乐功能。
2. 初步掌握原地运球、正手位传球、正手位停球等动作技术，掌握运动前后心率和强度的关系。
3. 初步了解软式曲棍球竞赛规则。</td></tr>
<tr><td>能力</td><td>1. 能对技术视频进行分析探究，提高学生自主学习和自我管理能力。
2. 能掌握一定的健康知识并在实践中予以应用，具备一定的沟通协作、组织管理能力。
3. 能坚持定期锻炼，学会欣赏软式曲棍球比赛。</td></tr>
<tr><td>素养</td><td>1. 提高学生分析问题、解决问题的能力，培养学生体育素养。
2. 通过参与实战，培养学生团队协作和社会责任感。
3. 增强学生不怕苦累的意志品质，培养科学健身意识和终身体育锻炼习惯，促进学生身心健康全面发展。</td></tr>
<tr><td>教学重点</td><td colspan="2">能基本掌握握杆方法、原地运球、正手传球、正手停球的基本技能，掌握心率测量方法，了解一定的竞赛规则。</td></tr>
<tr><td>教学难点</td><td colspan="2">技术动作的巩固和提高；软式曲棍球竞赛规则的理解和应用，科学健身意识和终身体育锻炼习惯培养。</td></tr>
<tr><td>教学方法</td><td colspan="2">任务驱动教学法、自主学习法、讲解示范法、实战情景体验教学法</td></tr>
<tr><td>教学策略</td><td colspan="2">1. 借助超星平台和师生微信群，学生完成课前观看相关技术教学视频及比赛欣赏，课中集中进行讲解示范、纠错练习、课后复习，教师及时在微信群反馈。
2. 运用视频、图片、动图分解动作等多媒体资源，帮助学生形象直观地理解软式曲棍球握杆方法，原地运球技术原理，传接球的技术要点、心率测量的方法以及实战情景体验的核心要义，突破教学重难点，提高课堂教学质量和效果。
3. 指导学生通过比赛实践学习运动处方设计与实施，通过监测心率评估练习强度和效果，提高学生健康管理能力，逐步达成本课教学目标。同步要求学生课后坚持 2 次/周社团活动，2 次课余训练，＞30 分钟/次练习，并将课前预习、课堂学习和课后社团与课余训练纳入期末考核，保障体育课质量和效果。</td></tr>
<tr><td>教学资源</td><td colspan="2">1. 超星学习通：发布学习任务，批改作业，了解学生对运动技能掌握情况，提高比赛欣赏能力以及对健康知识的熟悉程度，实时调整策略。
2. 师生微信群：通过师生微信群，实时指导、督促和答疑，确保学生学习质量。</td></tr>
</table>

（续表）

<table>
<tr><td>教学资源</td><td colspan="3">3. 课程网站：课程同步的在线教学视频丰富，正式比赛视频，教师全方位的动作示范讲解视频。https://mooc1.chaoxing.com/course/214953335.html。
4. 手机、电脑、互联网等多媒体教学资源。</td></tr>
<tr><td>教学流程</td><td colspan="3"> 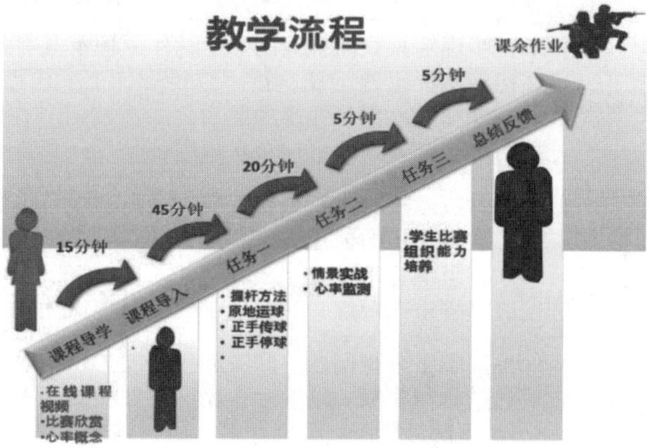教学流程
课余作业
15分钟 45分钟 20分钟 5分钟 5分钟
课程导学 课程导入 任务一 任务二 任务三 总结反馈
·在线课程视频
·比赛欣赏
·心率概念
·握杆方法
·原地运球
·正手传球
·正手停球
·情景实战
·心率监测
·学生比赛组织能力培养</td></tr>
<tr><td colspan="4">教学活动安排</td></tr>
<tr><td>教学环节</td><td>教学内容</td><td>教师活动</td><td>学生活动</td></tr>
<tr><td rowspan="2">课前导学</td><td colspan="3">设计意图
1. 组织学生提前学习本堂课内容，分析老师前一次反馈，了解自学情况，引出后续学习任务；
2. 以学生为主体，激发学生自主学习积极性，保障课堂学习质量。</td></tr>
<tr><td>1. 作业平台发布预习内容；
2. 教师示范视频：握杆方法、原地运球；
3. 心率测量方法 PPT。</td><td>教师发布任务
1. 提醒学生提前预习相关内容，并分析教师前一次反馈；
2. 发布老师事先制作的示范视频，以及比赛视频，提醒学生提前学习和思考；
3. 发布心率测量方法及运动处方相关 PPT。</td><td>学生完成任务
1. 完成任务，思考分析老师的反馈；
2. 观看视频，模仿练习；
3. 同学之间互相进行学练。</td></tr>
<tr><td>课程导入
（15 分钟）</td><td colspan="3">设计意图
1. 通过热身来优化后续课堂学习或训练时的运动表现，提升肌肉和关节活跃度，降低运动受伤的风险，提高学生的兴奋度，为更加激烈的身体活动做好生理和心理准备，也为完成课堂任务做好充分的准备。
2. 了解热身活动的重要性，学会科学进行热身。</td></tr>
</table>

（续表）

<table>
<tr><td>课程
导入
（15 分钟）</td><td>1. 完成集合、整队清点人数等课堂常规，并安排学生自我测量安静时心率；
2. 热身运动：方式内容多样化。</td><td>教师发布任务
1. 教学内容介绍及特殊学生安排，情景引入：口头表述；
2. 注意引领示范：选择热情洋溢的语言或口令，带领学生完成热身及拉伸，调动学生的积极性。</td><td>学生完成任务
1. 思考领会，学会遵守课堂纪律；
2. 跟随教师练习，充分活动开身体各部位关节和韧带；
3. 学会找准脉搏。</td></tr>
<tr><td rowspan="2">课堂任务一：动作纠正与练习提高
（45 分钟）</td><td colspan="3">设计意图
1. 激发学生自主学习能力，通过分析思考、自我纠错和反复练习，提高动作完成质量，同时提高学生发现问题和解决问题的能力；
2. 提高动作质量并坚持练习，逐步改善技术动作，增强职业素养。</td></tr>
<tr><td>作业反馈 引出任务
1. 介绍球杆及握杆要领
（1）左手杆：左手握在手柄下方，右手在手柄的上面。右手杆则动作相反；
（2）手握杆的要求：手掌全部包裹住手柄，掌根不能超过球杆，两手之间相距 30 厘米左右为宜；
（3）养成良好习惯，尽量双手握杆；
（4）根据个人习惯选择左手杆或右手杆。
2. 介绍原地运球要领
（1）双膝微屈，拍头着地与双脚成三角，身体重心落在两腿之间，眼睛余光看着前方，两脚开立与肩同宽（初学者眼睛可以盯着球，之后逐渐过渡到余光注视球，主要靠手感控制球）；
（2）用拍头的中部（正、反两面皆可）控制球并拨动球向左（右）侧移动。到达体侧时，快速提起球杆用拍头的另一面挡出球的滚动，并改变移动方向为另一侧。</td><td>教师反馈与指导
没有根据自己的用杆习惯选择球杆；分不清左手杆和右手杆的区别。
问题 1：动作纠正
（1）教师分别示范正确动作和错误动作，请同学找不同；
（2）分别用正确的球杆和错误的球杆进行运球，请同学们分析讨论动作错误表现。
要点：拨动球移动时，拍头尽量贴着球和球一起滚动，转换方向动作需快速简捷，且提杆贴着球快速阻挡住球的滚动，不可提杆过高，到达左右两侧时，拍头稍倾斜以利于压住球。左右移动距离不宜过长，尽量保持直线。目视前方，余光看球。
问题 2：如何提高动作掌握度？
（1）指导学生分析动作：将球拉至体侧后脚处，出手前拍头始终压住球，身体重心逐渐前移，目光注视传球方向，出手后拍头不能超过膝盖；</td><td>学生思考与练习
1. 分析研究，发现问题
讨论研究分析老师的示范动作，同时模仿练习，体会和掌握正确动作要领，思考如何判断。
2. 自我纠错，解决问题
（1）牢记动作要领；
（2）仔细观看教师纠错，掌握动作原理；
（3）邀请同伴共同给练习，互相评价、分析纠错。
3. 自主练习，巩固动作
（1）按照教师的指导进行自主练习，感知正确的动作路线、幅度、速度和力度，逐步形成正确的肌肉动作记忆；
（2）教师在场地上巡视，进行动作纠正。</td></tr>
</table>

（续表）

<table>
<tr><td>课堂任务一：动作纠正与练习提高（45 分钟）</td><td>3. 学习正手传球（左手杆为例）
身体侧立，左手杆，右脚在前双脚前后分开，双膝微屈，保持平衡的站立姿势。球置于体侧后脚处，用拍头中部控制球向正前方移动，逐渐加速，在靠近前脚时，将球快速传出。
4. 学习正手迎撤式停球
来球时将球拍主动迎球，在球拍触球的瞬间，将拍头迅速后移以缓冲球的速度，并用拍面压停球。</td><td>（2）教师示范正误动作的效果对比，引导学生掌握动作原理，思考如何纠错，鼓励学生结合课前的视频和课中的动作进行对比分析。
问题 3：如何练习提高质量？
（1）教师示范讲解；
（2）将后撤迎球和原地不动等球二者效果进行对比，帮助学生发现二者区别，也提高学生发现问题、分析问题的能力。</td><td></td></tr>
<tr><td>教学环节</td><td>教学内容</td><td>教师活动</td><td>学生活动</td></tr>
<tr><td rowspan="2">课堂任务二：情景实战（20 分钟）</td><td colspan="3">设计意图
1. 通过比赛体验，提高学生锻炼积极性，提高技术的实际应用能力，提高身体素质，增强免疫力；
2. 引导学生通过比赛知晓处方设计和应用，增加运动前后心率测量，进行科学锻炼与健身。</td></tr>
<tr><td>动作技能的实战应用
1. 将同学分组进行比赛，比赛开始前测心率，安排场上球员位置，比赛中简单讲解规则。
2. 监测心率，评估强度。测试练习前后的心率，记录主观体力感觉。
3. 评估比赛强度和锻炼效果。</td><td>教师发布任务
1. 分两组，每组自行进行球员位置安排。了解换人的程序以及规定，了解犯规的动作，每次测试心率；记录体感，评估运动强度。
2. 运用实战制定比赛的基本战术。制定适合自己球队的战术
思政：培养学生团队协作精神、家国情怀和社会责任感。</td><td>自我锻炼 自我评价
1. 比赛场上全力以赴，测试运动后即时心率，现场反馈数据。
2. 学会制定比赛战术，赛后讨论战术的运用以及运动后主观体力感觉，评估运动强度。
</td></tr>
<tr><td rowspan="2">课堂任务三：学生指导能力培养（5 分钟）</td><td colspan="3">设计意图
1. 参与比赛球队组织和指挥，提高学生沟通协作能力，培养服务意识和社会责任感；
2. 通过总结分析比赛，发现问题，思考纠正方法，提高学生解决问题的能力。</td></tr>
<tr><td>学成为师　自我提升
1. 引导学生提高个人技能水平；</td><td>授人以鱼不如授人以渔
1. 如何提高动作技能水平在实践中的运用：鼓励</td><td>融会贯通　学以致用
1. 反复练习，提高个人</td></tr>
</table>

（续表）

课堂任务三：学生指导能力培养（5分钟）	2. 培养学生学会组织和分析比赛，及时发现犯规及其他危险因素； 3. 指导学生学会欣赏和理解比赛的内涵。	学生将课堂的练习和实战中的引用进行对比，不断提高动作质量。 2. 发现问题，解决问题能力：指导场下观赛的替补学生观看比赛，研究分析错在哪里，思考怎么纠错，提高纠错能力。 3. 示范讲解，掌握比赛要领：教会学生阅读、鉴别，掌握不同战术的比赛；学会边实践边理解竞赛规则及裁判动作运用，掌握动作要领。	技能水平：通过观察、比赛反复实践动作技能，提高机体灵敏性 和协调性，提高个人动作技能水平。 2. 学会分析，提高纠错能力：分析探讨课前视频学习与课堂比赛实践的不同之处，锻炼提高判断能力。 3. 组织队友，共同学练：比赛中互相合作，共同理解比赛。
	设计意图 1. 放松身心，缓解疲劳； 2. 通过课程回顾和总结，激励更多学生参与课后练习，提高学生组织沟通能力，提升职业素养。		
放松总结反馈（5分钟）	**总结回顾与课后拓展提升** 1. 运动后拉伸，放松身心； 2. 总结和反馈课堂表现； 3. 布置课后作业。	**教师发布任务** 1. 提醒学生完成拉伸运动； 2. 总结反馈，表扬优秀学生，鼓励进一步提升； 3. 鼓励学生每天坚持完成课外体育活动。	学生完成任务 1. 在教师指挥下完成拉伸； 2. 反思课堂学习内容； 3. 在网络平台完成跑步、跳绳等任务。
考核评价			

评价载体	评价环节	评价内容	评价方式	分值（分）
超星学习平台、微信群、课堂点名册记录本	课前预习	在线平台观看视频、相关内 PPT	平台（100%）	10
	课堂表现	课堂师生互动、参与度	教师（100%）	20
	课堂任务	运动技能的掌握（50%）	教师（60%） 自评（40%）	60
		健康知识的掌握（30%）		
		比赛规则的理解和运用、组织能力（20%）		
	课后作业	课后作业的完成程度	教师（100%）	10
		课后作业的完成质量		
		是否初步养成锻炼习惯		
	附加分	比赛获胜的加 1 分	教师（100%）	10
合计（10 分附加分）				110

（续表）

<table>
<tr><td colspan="2">教学反思</td></tr>
<tr><td>教学效果与改进措施</td><td>一、教学效果
1. 视频预习情况
大部分同学在课前都在超星平台进行课本课程的预习以及相关比赛视频的学习，初步对本堂课的教学内容和软式曲棍球竞赛规程有了解，知道如何进行心率测量来控制锻炼的强度，也了解如何组织比赛、如何欣赏比赛。
2. 技术掌握情况
全班 20 位左右的同学掌握基本要领，但是动作不规范，练习效果有待提高。另外 8 位的同学动作完成质量比较差，多次出现技术错误，甚至无法分清左、右手杆，个人协调性、灵敏性和柔韧性等素质需要加强。
二、存在的问题与改进措施
1. 存在的问题
(1) 错误动作较多，技术动作的实际操作能力还有待进一步提高。
(2) 部分学生学习积极性不高，缺乏团队协作精神。
2. 改进措施
加强课前技术动作视频学习，加强互动和指导，激发学生学习内驱力，提高学生自主学习和互相帮助指导的能力，具体如下：
(1) 加强互动，及时反馈。引导学生课前完成平台学习任务，课中针对性地指导，课后一对一及时督促。课后平台及微信群互动，播放正确技术动作视频，讲解动作原理，反馈错误动作表现和纠错办法，实时答疑和互动，帮助学生掌握动作技能。
(2) 制定目标，自主评价。指导学生学会视频分析，发现问题，及时纠错，同时引导学生制定阶段性目标，循序渐进，逐步提高自我评价能力，激发自信心和自主学习能力。

(3) 以赛促练，激发兴趣。组织校内联赛，设计班级联赛与期末成绩进行挂钩，鼓励学生自由组队，激发学生学习软式曲棍球的热情，提高学生组织管理、协作能力。</td></tr>
</table>